Roy Eugene Davis

WAHRHEITSSTUDIEN

W0034813

978 3922 779056

Roy Eugene Davis

Wahrheitsstudien

Verlag CSA Deutschland

Frankfurt am Main

Titel der Originalausgabe: „Studies in Truth"

Ins Deutsche übertragen von Rosemarie Schneider
Worterklärungen von Dr. Hans Endres

© 1979 Verlag CSA Deutschland Rosemarie Schneider, Frankfurt am Main
Alle Rechte vorbehalten. Ohne ausdrückliche Genehmigung des Verlags ist es nicht gestattet, dieses Buch oder Teile daraus auf photomechanischem oder anderem Wege zu vervielfältigen.
Umschlagentwurf: Roland Berthold
Satz: Satz-Studio H. Siemsen-Schumann, Zeppelinheim
Druck: Pharma-Druck Inge Hartmann und Sohn, Oberursel (Taunus)

Inhalt

Vorwort 7

1. Der Weg zur Selbstverwirklichung 9
2. Die Ewige Religion 13
3. Schlüssel zu schnellem Fortschritt auf dem Pfad 18
4. Im Tempel des Schweigens 23
5. Höhere Meditationsmethoden 28
6. Erwachte Intuition
   (Und wie man außersinnliche Fähigkeiten nutzt) 33
7. Durchschreiten psychischer Bereiche 39
8. Schöpferische Imagination
   — das Erfolgssystem, das nie versagt 44
9. Das Tor zu den inneren Welten 49
10. Das Gesetz des Gemüts 54
11. Wie man wirksam betet 59
12. Die Gesetze der Fülle 64
13. Löschen des Ego 69
14. Vom Gesetz zur Gnade 74
15. Der Weg des Eingeweihten 79
16. Regeln für den ständigen Fortschritt auf dem Pfad..... 84
17. Wie man die Täuschung der Sinne durchschaut 90
18. Praktische Anwendung der Lektion 17 95
19. Eine mystische Erklärung des Buches der Offenbarungen 100
20. Techniken für eine tiefere Meditation 105
21. Im Meisterbewußtsein leben 110
22. Eindeutige Stadien der Selbstverwirklichung 115
23. Verwirklichung des Einsseins 120
24. Das Ende des Weges 125

Worterläuterungen 133

Vorwort

Der Inhalt dieses Buches wurde zunächst als eine Serie monatlicher Lektionen herausgegeben und in Studiengruppen oder im Selbststudium überall in Amerika durchgearbeitet.

Inzwischen dürften zusätzlich Tausende von Suchenden einen Gewinn dadurch haben, daß diese Lektionen jetzt in einem Band zusammengefaßt vorliegen. Ich habe so klar und direkt wie möglich geschrieben, und sowohl neue als auch fortgeschrittene Wahrheitssuchende können hier immer wieder Inspiration und Führung finden.

Es gibt keine magische Formel, die die Erleuchtung garantiert. Ständig wiederholte Kontemplation des Unendlichen und das unaufhörliche Sehnen danach, die Wahrheit zu erkennen, werden schließlich zur Klärung des Gemüts sowie des Bewußtseins führen, so daß das reine Licht scheinen kann.

Ich hoffe, daß jeder, der inspiriert ist, diese Schritt-für-Schritt-Serie von Lektionen durchzuarbeiten, in dieser Inkarnation die elementare Wahrheit erfahren und frei sein wird.

Roy Eugene Davis

1969

1

Der Weg zur Selbstverwirklichung

Jesus sagte: „Ich bin der Weg, die Wahrheit und das Leben." Alle Menschen müssen eines Tages fähig sein, die gleiche Feststellung aus der Tiefe ihrer eigenen Selbstverwirklichung heraus zu bejahen, um frei zu sein. Als ein Wahrheitssuchender weißt Du bereits intellektuell, daß Du ein göttliches Wesen bist, eine Individualisation des Geistes. Jedoch dieses einerseits intellektuell und andererseits durch erwachte Intuition zu wissen, sind zwei verschiedene Dinge.

Der Weg ist allen Menschen offen

Jede Frau und jeder Mann haben die Gelegenheit, in dieser Inkarnation die Wahrheit zu erkennen. Damit meine ich, das Wesen Gottes, das Wesen der Seele und die Beziehungen der Seele zu allen geschaffenen Dingen vollständig zu verstehen. Wenn wir nicht durch Erleuchtung zu dieser vollkommenen Erkenntnis kommen, werden wir wahre geistige Freiheit nicht erfahren.

Der Weg ist jedem offen, ungeachtet der Rasse, der Glaubensbekenntnisse oder der politischen Interessen. Das Universum ist gesetzmäßig, logisch und geordnet. Was für einen Menschen wirkt, wird für alle wirken. Das sollten wir grundsätzlich bedenken.

Um geistigen Erfolg zu haben, müssen wir uns an die Regeln halten, die in allen Unternehmungen zu Erfolg führen. Hierbei sind vier Dinge zu beachten:

1. Die Macht der Entscheidung: Innerlich weißt Du schon, was das geistige Ziel des Lebens mit sich bringt. Bejahe deshalb an einem ruhigen Ort, von allen Ablenkungen und flüchtigen Gedanken befreit, folgendes:

„In der vollen Erkenntnis, daß der Weg mir und der ganzen Menschheit offen ist, treffe ich jetzt die feste Entscheidung, alles zu tun, was getan werden muß, damit ich schnell erwache und die Wahrheit über Gott, mich und meine Mitmenschen erfahre." Mit dieser tiefempfundenen Bejahung hast Du den ersten Schritt in die Richtung völliger Erleuchtung getan.

2. *Glaube immer, daß Du Dein Ziel erreichst:* Nachdem Du diese feste Entscheidung getroffen hast, glaube mit Leib und Seele, daß Du Dein Ziel in diesem Leben erreichen kannst und willst. Diese positive Einstellung ist äußerst wichtig, weil sie Dich trotz aller Prüfungen, die kommen mögen, ständig auf dem geistigen Pfad halten wird.

3. *Tue alles, um Dein Ziel zu erreichen:* Mit Deinem Ziel klar vor Augen und Deinem starken Vertrauen, das Dich trägt, tue alles, um Dein Gemüt und Bewußtsein zu klären, damit Du bald Erleuchtung erfährst. In den folgenden Kapiteln werden eindeutige Anweisungen gegeben, so daß keine Unklarheit darüber besteht, was zu tun ist.

4. *Lebe im Bewußtsein Gottes:* Versuche täglich, von Augenblick zu Augenblick, in dem Bewußtsein Gottes zu leben — denke, fühle und handle wie ein gottbewußter Mensch handeln würde. Tue Dein Bestes, um zu fühlen, daß Du jetzt selbstverwirlicht bist. Denke nie, Selbstverwirklichung sei etwas, das nur in der fernen Zukunft erreichbar sei.

Die Wahrheit über den geistigen Pfad

Die Wahrheit über den geistigen Pfad ist, daß wir nicht daran arbeiten müssen, geistig zu *werden*. Wir denken richtig, beten wirksam, meditieren regelmäßig und befolgen die Regeln geistigen Lebens. So klären wir die falschen Vorstellungen im Gemüt und im Bewußtsein, damit sich das Licht der Wahrheit offenbaren kann. Wir bilden oder schöpfen nicht ein geistiges Bewußtsein. Wir befreien uns lediglich von allem, das unsere klare Sicht trübt. Das menschliche Gemüt glaubt immer wieder an eine Serie von niemals endenden Problemen, die gelöst werden müssen. Deswegen kann sich die Suggestionskraft des Gemüts allzu häufig nicht vorstellen, was geschehen würde, wenn es von dieser Bedingung befreit wäre. Wenn die Sicht klar ist, und die Seele sich selbst erkennt, erscheint die äußere Manifestation von Erfolg, Wohlergehen, Fähigkeiten und Talenten, Gesundheit, Liebe und alles andere automatisch.

Solange wir Gott als außerhalb von uns betrachten, können wir uns nicht von negativen und falschen Überzeugungen befreien. Wir müssen Gott (das Leben) erkennen, in uns gehend, durch uns sprechend, sehend, hörend und fühlend. Das ist das große Geheimnis. Wenn das erreicht ist, wird die Heilige Schrift verstanden:„Dann werden die Blinden sehen und die Tauben werden hören.“

Ja, es ist wahr: Wenn wir das wahre geistige Leben leben, gehen wir unserer neuen Berufung würdig entgegen und erkennen die Macht durch jeden Lebensweg und durch jede entgegenwirkende Bedingung und Erscheinung. Das Bewußtsein der Gegenwart Gottes wird jeden guten Wunsch befriedigen. Niemand kann das leugnen.

Gott-Bewußtsein ist nicht verherrlichtes menschliches Bewußtsein. Im menschlichen Bewußtsein fühlen wir uns von Gott getrennt. Im Gott-Bewußtsein erfahren wir, daß alte und falsche Vorstellungen und Meinungen für immer ausgelöscht sind. Deshalb ist es wichtig, wenn wir den Ruf vernehmen, uns in die Verwirklichung unseres wahren Wesens zu erheben, alle Dinge, die Teil unseres bisherigen Lebens waren, hinter uns zu lassen.

Nun, Dein Vertrauen sollte nur auf Gott, Deinen wahren Ursprung und Deinen Erhalter, ausgerichtet sein und nicht auf äußere Erscheinungen, die letztlich bloße Auswirkungen sind ohne jede Macht.

Wir legen immer Zeugnis von dem ab, was wir glauben

Ungeachtet dessen, was wir nach außen beteuern — Tatsache ist, daß sich in unserem persönlichen Leben das zeigt, was wir innerlich glauben, wert zu sein. „Nur wenige Menschen wissen, daß das Reich Gottes und jede Erfüllung sich auch auf den physischen Bereich erstreckt,“ sagte ein großer Meister. Die meisten Menschen auf dem geistigen Pfad haben nicht den Mut, dies als wahr zu akzeptieren. Deshalb müssen sie sich mit begrenzter Entfaltung begnügen. Erst wenn wir lernen, dies zu akzeptieren, können wir uns unbegrenzt entfalten.

Meditationspraxis

Übe täglich in der Stille: Denke darüber nach, was es für Dich bedeuten würde, klar zu sehen. Was wäre, wenn Deine Augen zu rein wären, Ungerechtigkeit zu erblicken? Was würde sein, wenn Du so in Gott verankert wärest, daß Du absolut keine Armut, Krankheit oder Begrenzung irgendwelcher Art für Dich und für andere sehen könntest? Könntest Du Dir vorstellen, wie das sein würde?

Komtempliere auf diese Weise: Blicke durch die Schatten dieser Welt und sieh lediglich das, was „wunderschön ist und worüber gut berichtet wird". Erkenne klar, daß es in der Welt eines erleuchteten Menschen zweifellos weder Finsternis noch Leid, noch Mangel gibt. Es gibt keine verlorenen Seelen. Bejahe in diesem Moment: „Ich bin hell und strahlend, erfüllt von Licht und Kraft". Verweile in dieser Erkenntnis, solange Du kannst. Verbringe täglich zwei oder drei kurze Sitzungen in dieser Kontemplation.

Nimm danach Deine neue Erkenntnis in Deine täglichen Erlebnisse. Sieh alle Menschen als göttliche Wesen und behandle sie als solche. Verdamme nichts, kritisiere nichts und fürchte nichts. Mit ausgeglichenem Gemüt und klarer Sicht wirst Du als eine strahlende selbstverwirklichte Seele durch die Welt gehen und für alle ein Segen sein.

2

Die Ewige Religion

Im Herzen jeder großen Religionslehre ist der gleiche mystische Grundsatz enthalten, der den Weg zur Selbstverwirklichung zeigt. Kein System, das mit Meinungen und Theorien beladen ist, kann als Wahrheit akzeptiert werden. Nur wenn wir Meinungen, Theorien und irreführende Vorstellungen ausräumen, kann sich der direkte Weg zu Gott enthüllen.

Dieser direkte Weg ist die Ewige Religion, der Weg, der bestand, der besteht und der bestehen wird, der Weg, durch den jede suchende Seele Freiheit finden wird. In dieser Serie enthülle ich Dir die unwandelbaren Gesetze und Grundlagen, die universelle Wahrheit, die den Meistern und Weisen mit reinem und ungetrübten Verstehen seit der Entstehung der Zeit bekannt sind.

Wenn Du den geistigen Pfad beschreitest, ist es Deine Pflicht, inmitten des Irrgartens von Mythen und Symbolen, zu verstehen, was wahr ist. Durch Üben und mit Geduld, mit dem Auge der Intuition, wirst Du beweisen, daß Du der Aufgabe gewachsen bist, dessen bin ich sicher.

Für zielbewußte Suchende ist der Weg sicher

Der wahrheitssuchende Durchschnittsmensch erreicht kaum wirklichen Erfolg, da er nicht zielgerichtet nachforscht. Er kennt das wahre Ziel des Lebens nicht, weiß nicht, wie es zu finden ist oder wie er das Bewußtsein der Selbstvollkommenheit anzunehmen hat. Während Du weiterliest, brauchst Du nichts von dem zu akzeptieren, was ich sage, nur weil ich es sage. So gut ich kann, gebe ich hier nur das wieder, was erleuchtete Lehrer und auch ich übereinstimmend als wahr erkannt haben. In diesem Buch findest Du nichts Neues — Du findest lediglich eine Wiederbestätigung alter und doch ewig neuer Prinzipien in heutiger Sprache. Du brauchst nichts zu akzeptieren, was irgendjemand bejaht, da Du die wunderbare Fähigkeit besitzt, die Wahrheit selbst zu erkennen.

Das Versprechen ist heute das gleiche wie eh und je: „Wer auch immer die Wahrheit mit offenem Herzen sucht und niemals vom Wege abweicht, der wird das Ziel ohne Scheitern erreichen. Ein Weiser sagte zu seinen Anhängern: „Schon weniges Üben auf diesem Weg des Lebens bewahrt Euch vor der Todesfurcht und vor allem Leid aus Unwissenheit."

Es gibt nur einen Grund, warum die meisten Menschen ihr Leben in Furcht und Leid verbringen. Sie sind sich nicht bewußt, wer sie wirklich sind. Sie sind der Wahrheit gegenüber stumpf. Die Lösung des Problems menschlichen Leidens heißt für die Menschen, aufzuwachen und zu erkennen, wer sie wirklich sind. Es gibt keinen anderen Weg. Blinder Glaube, abergläubische Ausübung von Ritualen, Abhängigkeit von Götzenbildern oder Naturkräften, zeigen lediglich Mangel an Selbsterkenntnis.

Der Weg zur Selbstverwirklichung ist keine Methode zum Herumprobieren. Er ist schnell, direkt, und jeder kann den sichtbaren Fortschritt bemerken. Die Wahl jedoch liegt bei uns. Wir können uns entlangtasten, blind stolpern, oder wir können unsere Aufmerksamkeit auf die Lösung des universellen Problems der Menschheit, der Unwissenheit über das Wesen der Seele, richten.

Jeder Mensch wird früher oder später die Wahrheit erkennen. Das ist Deine großartige Bestimmung, und Du kannst sie nicht verfehlen. Wir können lediglich das Leid verlängern, indem wir uns weigern, Selbstdisziplin zu üben und daran zu arbeiten, das Gemüt und das Bewußtsein zu klären und von allen Hindernissen zu befreien, die den Strom der Macht blockieren und die Wahrnehmung verzerren.

Unsere zweifache Verantwortung

Der Mensch hat in dieser Welt eine doppelte Verantwortung zu tragen. Die erste Verantwortung ist, mit unerschütterlichem Vertrauen Selbstverwirklichung zu suchen. Die zweite Verantwortung ist, auf irgendeine konstruktive Weise in dieser Welt zu wirken.

Konstruktives Wirken bringt eine ganze Menge. Es bringt uns in Einklang mit dem universalen Willen und macht uns zu Mitschöpfern dessen, was gut und wünschenswert ist. Konstruktive Arbeit trägt dazu bei, egoistische Neigungen zu beseitigen. Wir stabilisieren die soziale Ordnung, und wir schaffen uns verhältnismäßig günstige Lebensbedingungen, so daß wir unsere Aufmerksamkeit auf die höheren Dinge des Lebens richten können. Es gibt für die Erhaltung der Welt einen

Grund, und wir können sicher sein, daß wir unsere Pflicht tun, wenn wir zu dem reibungslosen Ablauf der Lebensverhältnisse für uns und zu dem unserer Mitmenschen beitragen.

Interesse am Wohlergehen anderer ist ein Zeichen geistigen Erwachens. Wir sollten uns natürlich nicht darauf einlassen, andere gegen ihren Willen zu bekehren, da dies zu offenen Konflikten führen würde. Wir können jedoch für das physische, mentale und emotionale Wohlergehen anderer sorgen bis zu dem Zeitpunkt, an dem sie ihre eigene bewußte Suche nach der Wahrheit beginnen. Sobald sie für eine Erweckung reif sind, können wir sie mit Literatur und Anleitungen versorgen, die ihnen den Weg weisen.

Wenn jede Seele den Weg allein suchen müßte, würden ihn nur sehr wenige finden. Großherzige Lehrmeister haben durch die Jahrtausende selbstlos für die Erleuchtung der Menschheit gewirkt. Es ist ein geistiges Gesetz, daß wir uns nur in dem Maße geistig entwickeln können, wie wir bereit sind, andere auf dem Pfad zu unterstützen. Andere Seelen sind in Wirklichkeit wir selbst, da alle Seelen als Individualisation des Geistes gleich sind. Indem wir dafür wirken, andere zu erwecken, erwecken wir uns tatsächlich selbst.

Persönlich können wir nichts tun. Aber in dem Maße, wie wir uns entspannen und uns der inneren Führung zuwenden, kann die unendliche Weisheit durch uns und als uns wirken, um zu tun, was *ES* tun möchte.

Deine finanzielle Beteiligung ist wirklich ein Teil Deines Lebens, das Du mit Dir und anderen gemeinsam hast. Vielen Menschen fällt es schwer zu teilen, da sie nur im Sinne von Geben und Nehmen denken. In dem Moment des Teilens befinden wir uns an der Stelle des Bewußtseins, an der die Unendlichkeit ihre Substanz verteilt. Deshalb erfreue Dich im Moment des Teilens an der Fähigkeit des Teilens und erwarte nicht immer gleich eine Belohnung. Deine Belohnung ist tatsächlich Deine Freiheit, in diesem Moment teilen zu können.

Richtiges Teilhaben schließt keine Almosen ein. Richtiges Teilhaben heißt für Dich, alles Mögliche zu tun, das Himmelreich, die Welt der Wirklichkeit, auf Erden einzurichten durch Dein Mitwirken, das Massenbewußtsein von falschen Ideen zu klären. Die Wahrheit aktiv zu verbreiten, ist möglicherweise das Höchste und Beste, das Du tun kannst. Es liegt auf der Hand, daß die Menschen ernährt, beherbergt, unterrichtet und geheilt werden müssen. Wir arbeiten jedoch lediglich mit Körpern und Gemütern, die mit der Zeit vergehen, es sei denn, wir tun den nächsten Schritt und wirken dafür, Seelen zu erwecken.

Jede Art religiöser Verehrung ist gut für den Durchschnittsmenschen, da diese Verehrung ein Zeichen dafür ist, daß das geistige Wesen Erfüllung sucht. Gut und religiös zu sein, genügt jedoch nicht. Dies ist nur der Anfang. Millionen guter und religiöser Menschen verlassen alle paar Jahre diese Welt, ohne erleuchteter zu sein als sie es auf dieser Erde waren, wenn sie sich in die astralen Welten begeben. Es bleibt die Frage unabhängig vom Kirchgang, der Erfüllung persönlicher Verantwortlichkeiten und dem Studium der Heiligen Schriften oder der Wahrheitsliteratur: „Hast Du Gott erkannt?"

Wieviele von den Millionen Menschen, die zur Zeit inkarniert sind, denken jemals an Selbstverwirklichung? Und wieviele von denen, die daran denken, machen sich tatsächlich daran und tun etwas dafür? Unglücklicherweise vergeuden sogar viele, die die Wahrheit suchen, ihre Zeit in unwichtigen Beschäftigungen und wechseln ständig von einem System zum anderen, machen aus ihrem Studium ein Spiel und versäumen dadurch, aus dem Traum der Sterblichkeit zu erwachen.

Ein täglicher Plan, den Du einhalten solltest

Um während des ständigen Voranschreitens auf dem Pfad unnötige Handlungen zu vermeiden, empfehle ich: Setze Dich jeden Morgen ruhig hin und meditiere. Übe wie in den ersten Lektionen empfohlen. Betrachte dann die kommenden Ereignisse des Tages. Frage Dich innerlich: „Was kann ich heute tun, das mich bestärkt, ein gottgefälligeres Leben zu leben?" Sitze ruhig! Höre tief in Dich hinein! Mit der Zeit wirst Du Ideen bekommen, einen Antrieb verspüren, vernünftige Dinge zu tun oder mit Menschen Kontakt aufzunehmen. Wenn Du Deiner inneren Führung sicher bist, schreibe alles nieder und beginne sofort mit einem Aktionsplan. Die Hauptsache ist, ihn durchzuführen. Eine innere Führung hat keinen Wert, wenn wir ihr nicht folgen. Wenn Du während des Tages von Zeit zu Zeit das Bedürfnis hast, pausiere und wende Dich nach innen, um Weisung zu erhalten — und nochmals, schreibe sie auf und führe sie durch.

Nimm Dir abends vor dem Schlafengehen ein paar Minuten zum Meditieren und werde Dir Deines wahren Wesens bewußt. Schlafe dann in diesem Bewußtsein ein. Durch Üben wirst Du so auf die durch Dich wirkende unendliche Weisheit eingestimmt, so daß Du mühelos in allem Tun geleitet wirst. Du solltest nur den einen Gedanken haben: „Den Willen Gottes zu tun und sein Werk zu vollenden."

Ist es nicht letzten Endes das, wozu Du eines Tages fähig sein möchtest? Warum also nicht jetzt beginnen, in diesem Bewußtsein den besten Weg einzuschlagen, den Du kennst? In wenigen Monaten oder Jahren wirst Du auf diesen Moment zurückschauen und die erstaunliche Entwicklung bemerken, die Du durchgemacht hast.

● ● ●

„Heute bejahe ich meine wahre Identität. Mein Leben ist Ausdruck des einen Lebens. Meine Intelligenz ist die Individualisation der unendlichen Weisheit. Mein Gemüt ist die Individualisation des kosmischen Gemüts. Alle Gedanken, Gefühle, Antriebe und schöpferische Taten sind Geist, der durch mich und als ich in die fortschreitende Erfüllung seines Seins strömt."

3

Schlüssel zu schnellem Fortschritt auf dem Pfad

Wenn wir auf dem geistigen Pfad schnell voranschreiten wollen, müssen wir den Dingen, die für unsere Selbstverwirklichung wesentlich sind, Aufmerksamkeit schenken und unwesentliche Dinge außer Acht lassen.

In einem der ältesten zur Verfügung stehenden Leitfäden „Die Yoga Sutras des Patanjali" (siehe das Buch des Autors „Die Macht der Seele" als ein vollständiger Kommentar) lesen wir: „Selbstdisziplin, Studium, Meditation und absolutes Vertrauen in das Unendliche sind der schnellste Weg zur Gottverwirklichung." Dies ist ein unwandelbarer Rat, da er uns befähigt, einen klaren Kurs in unser Leben zu bringen und ständig in die richtige Richtung vorwärts zu gehen.

1. Selbstdisziplin: Sie ist hauptsächlich eine Frage des Denkens und des Fühlens. Das bedeutet, daß wir uns immer bemühen sollten, eine positive Gedankeneinstellung beizubehalten und unsere Gefühle zu kontrollieren.

Negatives Denken und unkontrollierte Gefühle sind die Umkehrung des Betens. Unser gewöhnlicher Bewußtseinszustand ist das Ergebnis dessen, was wir fortwähren denken und fühlen. Deshalb sollten wir unsere Gedanken und Gefühle kontrollieren, wenn wir das Beste und Höchste für uns wünschen. Wir können dies durch regelmäßige Meditation erreichen, durch Lesen inspirierender Literatur und zumindest zum größten Teil dadurch, daß wir mit Menschen verkehren, die eine konstruktive Lebensauffassung haben.

Wir können unsere Gedanken kontrollieren, indem wir unsere Unterhaltung kontrollieren. Wir sollten niemals der Versuchung zum Klatschen nachgeben oder in negativer Weise sprechen. Wir sollten niemals etwas über uns oder andere aussprechen, was wir in Wirklichkeit nicht wünschen. Ich weiß, daß das anfangs Anstrengung kostet, die Belohnung jedoch ist großartig. Wenn wir wirklich im Leben erfolgreich sein wollen, müssen wir lernen, unsere Gedanken, Gefühle und Handlungen in Einklang zu

bringen, so daß wir ständig in die Richtung unseres gewählten Le-
benszieles gehen: Selbstverwirklichung.

2. *Richtiges Studium:* Richtiges Studium für einen Wahrheitssuchenden
ist regelmäßiges Lesen — wenn auch nur ein paar Absätze täglich
— der Heiligen Schrift oder eines Buches, das von einem
Erleuchteten geschrieben ist. Wenn wir diesen Stoff lesen, werden
wir an unser wahres Wesen und unser wirkliches Lebensziel
erinnert. Außerdem werden dadurch Erinnerungen der Seele
geweckt, die auf der Oberfläche des Bewußtseins erscheinen.
Wahrheitssuchende sollten das Neue Testament, die Bhagavad-Gita
und alle inspirienden Schriften dieser Welt lesen. Ebenso — weil
diese Frage gestellt wurde — empfehle ich neben meinen Büchern
Schriften von Joel S. Goldsmith, Neville, Unity und Science of
Mind. Es gibt viele inspirierende Bücher auf dem Markt, und es
geht hauptsächlich darum, ob sie erwecken oder verwirren. Wenn
sie erwecken, sind sie für tägliches Lesen geeignet.

Regelmäßiges Lesen inspirierender Wahrheitsliteratur klärt das Gemüt und das Bewußtsein und hilft uns, auf einem ständigen Kurs
im Leben zu bleiben. Es schadet nicht, täglich Zeitungen und
Romane zu lesen oder was uns sonst zur zeitweiligen Zerstreuung
gerade interessiert. Jedoch sollten wir niemals vergessen, jeden Tag
ein wenig in Büchern der Art zu lesen, wie ich sie empfahl.

3. *Regelmäßige Meditation:* Meditation ist die Praxis göttlicher Erinnerung. Sie ist sehr wichtig, weil wir sonst in konfliktreichen Theorien und Meinungen gefangen gehalten werden sowie unter dem
Druck täglicher Routine stehen. In den nächsten beiden Lektionen
wird mehr über die Meditation erklärt.

4. *Absolutes Vertrauen in das Unendliche:* Das bedeutet, daß wir uns in
jedem Moment während des Tages und in jeder Situation daran erinnern sollten, daß das Unendliche durch und als alle Tätigkeiten
wirkt. Diese Einstellung erinnert uns daran, daß wir nicht allein sind
auf dieser Welt und daß eine Intelligenz existiert, die immer alle
Belange der Menschen lenkt. Wenn wir durch Üben lernen, auf
das Unendliche zu vertrauen, werden wir bemerken, daß unsere
Intuition erwacht. Wir werden zuversichtlich und empfänglich sowie aus sinnloser Geschäftigkeit herausgehoben und können uns
bewußter in dem Gewahrsein ewigen Lebens bewegen.

Im Moment wäre es hilfreich für Dich, im Neuen Testament das Kapitel 6 des Matthäus-Evangeliums sorgfältig zu lesen.

Du siehst, viele Menschen nehmen fälschlicherweise an, es sei schwierig, das wahre geistige Leben in dieser Welt zu leben. Der Druck der Arbeit, das tägliche Einerlei und die anscheinend "geistlosen" Menschen, mit denen sie auskommen müssen, läßt die Welt als einen Platz des Kämpfens und Leidens erscheinen. Nun, die großen Meister der Jahrtausende haben betont, daß hier in dieser Welt, gerade an dem Platz, an dem wir sind, das Himmelreich verwirklicht werden kann. Jederzeit haben wir die Gelegenheit, durch die Erscheinungen dieser Welt direkt in die reale Welt zu sehen, in das Reich der Wirklichkeit, wo alles hell und Erfüllung an der Tagesordnung ist. Wenn unsere Aufmerksamkeit ständig nach außen fließt, sind wir auf die Welt der konfliktreichen Situationen eingestimmt. Sie sind die Hauptursachen menschlichen Kummers. Seelen, die auf die äußere Welt eingestimmt sind, sind nicht fähig, die Wirklichkeit Gottes zu begreifen, und ihre Aufmerksamkeit fließt nach außen. Sie meinen, daß Glücklichsein das Ergebnis ihres erfolgreichen Erringens materieller Ziele oder die Befriedigung menschlicher Wünsche und Triebe sei.

Zeitweilige Zufriedenheit wird durch erfüllte Wünsche erreicht, die zu Komfort und zur Sicherheit führen. Und die Verantwortung, auf unsere Annehmlichkeiten und Bedürfnisse zu achten, sollte nicht übersehen werden. Aber wahre Zufriedenheit erreichen wir nur, wenn wir unsere Aufmerksamkeit nach innen richten und die Quelle all dessen erkennen, was sich in unserem täglichen Leben vollzieht. Wenn wir ständig im Einklang mit dem Unendlichen sind und klar erkennen, daß äußere Umstände lediglich die Reflexion innerer Vorstellungsbilder sind, können wir in dieser Welt objektiv und mit großer Entfaltungsmöglichkeit leben. Hierin liegt unsere wahre Sicherheit.

Wir werden täglich mit spannenden nationalen und internationalen Nachrichten konfrontiert, wir hören von Kriegen und Kriegsgerüchten, wir lesen über Rassenkonflikte, Goldadern, Prophezeihungen von Erdbeben und Überschwemmungen, und wir fragen uns: „Gibt es eine Möglichkeit, in einer veränderlichen Welt sicher zu sein?"

Jeder große Religionslehrer hat bestätigt, daß es einen Weg zur inneren Ruhe gibt, ungeachtet dessen, was in der äußeren Welt geschieht. Der Weg dahin ist, zu lernen, immer in Gott verankert zu sein und sich als selbstverwirklichte Seele durch die Welt zu bewegen. Es gibt keinen anderen Weg. Was auch kommen mag, in diesem Bewußtsein wird uns nichts berühren. Du bleibst unbewegt, während sich andere um Dich herum fürchten, verwirrt, nervös und am Ende ihrer Weisheit sind.

Nun, alle Menschen können in der Erkenntnis ihres göttlichen Wesens ruhen, indem sie lediglich ihre Aufmerksamkeit in richtiger Weise nach innen lenken.

Wann immer ich mit Frauen und Männern über ihre Schwierigkeiten gesprochen habe, erlebte ich stets dasselbe: Obwohl sie Wahrheitssuchende sind, versäumen sie die Regeln einzuhalten, die am Anfang dieser Lektion beschrieben sind. Sie üben die Selbstkontrolle im Denken und Fühlen nicht, wie sie es tun sollten. Sie sind unzulänglich. Sie haben andere ihr Leben bestimmen lassen. Oder sie haben ihr tägliches Studium der Wahrheitsliteratur aufgegeben und die Grundprinzipien rechten Lebens vergessen. Gewöhnlich meditieren sie unregelmäßig, oder sie meditieren nicht korrekt. Und ohne Ausnahme vertrauen sie nicht auf das Unendliche. Sie reagieren auf die Schatten um sie herum, als ob sie real wären, anstatt sie als Reflexionen des Gemüts zu handhaben, die sie tatsächlich sind. Anstatt ihren Standpunkt als freie Seelen einzunehmen, durch und als diese das Unendliche wirkt, haben sie sich in die Rolle der Opfer von Umständen begeben. Sie lassen die Dinge auf sich einwirken, lassen andere Menschen, Umstände und subtile Einflüsse ihr Leben bestimmen.

Ziehe nun Bilanz über Dich selbst und entscheide Dich, die vier einfachen Regeln zu befolgen, die ich in dieser Lektion dargelegt habe. Nimm Dir täglich eine bestimmte Zeit zum Lesen, zum Meditieren, zur Gedankenkontrolle und zur richtigen Betrachtung der Dinge. Danach handle in dieser neuen Erkenntnis. Schaffe ein neues Bild von Dir selbst und lebe entsprechend.

Erinnere Dich daran, daß Du ein Recht darauf hast, zu gedeihen und Dich guter Gesundheit zu erfreuen. Du hast ein Recht darauf, an Deinem richtigen Platz in diesem Leben als freie Seele zu wirken.

Mitunter bedeutet dies einen Ortswechsel, einen Wechsel der Freunde und des Umgangs. Das muß nicht immer der Fall sein, wenn es jedoch notwendig scheint, dann führe die Veränderung durch. So wirst Du neue Freunde anziehen und Bedingungen vorfinden, die mit Deinen höheren Idealen besser übereinstimmen.

Das geistige Leben sollte nicht dazu dienen, ein Problem nach dem anderen zu lösen. Das geistige Leben sollte ein Leben der Erfüllung sein, der innigen Freude und ein Gefühl der Übereinstimmung mit allen Dingen der Natur. Ein wichtiger Teil dieses neuen Lebensweges ist, zu versuchen, mit allen Menschen und allen Bedingungen immer in Harmonie zu sein. Anstatt zu kämpfen, entspanne Dich und wirke in harmonischer Weise. Um die Welt zu überwinden, brauchen wir sie nicht zu unterwerfen. Wir haben lediglich unsere Aufmerksamkeit auf die Wahrheit über Gott und uns zu richten — und dann nach bestem Vermögen als von Gott gelenkte Frauen und Männer zu leben.

• • •

„Heute und an jedem Tag tue ich mein Bestes, um ein wahrhaft geistiges Leben zu führen. Ich diszipliniere meine Gedanken, Gefühle und Handlungen; lese Worte der Wahrheit mit intuitiver Einsicht; meditiere, um mein wahres Wesen zu erkennen; handle immer entsprechend meiner inneren Führung in der vollen Erkenntnis, daß das Unendliche, das mein Leben ist, sich durch mich und als ich ausdrückt, um seinen guten Willen zu erfüllen."

4

Im Tempel des Schweigens

Jeder Wahrheitssuchende sollte solange Meditation üben, bis sie leicht und erfreulich ist. Hier ist ein Leitfaden und eine einfache Gedächtnisstütze der acht Schritte zum Erfolg in der höchsten aller Künste.

1. Schritt - Ethisches Verhalten

Um inneren Frieden und innere und äußere Harmonie zu sichern, sollten wir in dieser Welt anständig und in guter Ordnung leben. Das heißt, wir sollten die rechtmäßigen Gesetze des Landes befolgen, eine gute Beziehung zu unseren Mitbürgern pflegen und nach bestem Können versuchen, unseren richtigen Platz in der Ordnung der Dinge zu finden, so daß wir zur Gesellschaft beitragen und uns innerlich erfüllt fühlen können.

2. Schritt - Befolge die geistigen Gesetze

Für Einzelheiten empfehle ich nochmalige Lektüre von Kapitel 3. Übe Selbstdisziplin, vertiefe Dich in Wahrheitsliteratur, meditiere wie hierin beschrieben und im Einklang mit dem Unendlichen.

3. Schritt - Richtige Haltung

Die Meister schreiben vor, daß die richtige Meditationshaltung eine bequeme und aufrechte Haltung an einem ruhigen Platz sein sollte. Wähle einen Stuhl, auf dem Du gerade sitzen kannst, ohne Dich mit dem Rücken anzulehnen. Setze Dich so hin, daß das Gewicht Deines Körpers auf Gesäß und Oberschenkeln derart verteilt ist, daß Du einen sicheren Halt hast und für eine Weile sitzen kannst, ohne daß Du Deine Haltung ändern mußt. Deine Hände können auf den Schenkeln liegen. Manche haben herausgefunden, daß es hilft, den Körper in der richtigen aufrechten Haltung zu unterstützen, wenn die Hände mit den Handflächen nach oben auf den Schenkeln liegen. Bewege Dich leicht aus den Hüften vorwärts und rückwärts, bis Du die Balance findest, so daß Du ohne Muskelanstrengung sitzen kannst.

Nimm in Deinem Innern eine zuversichtliche Haltung ein. Schließe die Augen und bringe die Aufmerksamkeit auf den Punkt zwischen den Augenbrauen, auf das Zentrum der Konzentration ins „Dritte Auge". Sollten die Augen nach oben in diese Richtung rollen, ist das in Ordnung. Dadurch beginnt die Aufmerksamkeit in diese Richtung zu fließen und entzieht sich dem Körper und seinen Belangen für die Dauer der Meditation.

4. Schritt - Umlenkung der Aufmerksamkeit

Wenn unsere Aufmerksamkeit zerstreut oder auf Probleme und physische Belange gerichtet ist, können wir nicht richtig meditieren. Meditation ist Konzentration (auf einen Punkt gerichtete Aufmerksamkeit) auf das Unendliche. Um uns vollkommen konzentrieren zu können, müssen wir den Strom der Aufmerksamkeit umlenken, ihn von den Dingen der Welt zurückziehen und nach innen richten, wie es hier erklärt ist. Wir meditieren nicht, um Probleme zu lösen, um mit anderen Menschen in Kontakt zu kommen oder illusorische innere Erfahrungen zu suchen. Wir meditieren, um gottbewußt zu werden.

Während wir, wie empfohlen, die Aufmerksamkeit auf das Zentrum des „Dritten Auges" richten, entspannen wir unseren Körper und lassen die Gedanken zur Ruhe kommen. Um die Gedanken vom Wandern abzuhalten, während wir im Zentrum des „Dritten Auges" verweilen, werden wir uns unseres Atems bewußt. Wir beobachten den Atem, wie er ein- und ausströmt, ohne ihn zu regulieren. Wir beobachten ihn lediglich.

Nach ein paar Minuten wirst Du feststellen, daß Du ruhig und objektiv bist. Die Gedanken strömen weiter durch Dein Gemüt, sie beginnen jedoch, sich zu beruhigen. Die Belastungen des Tages dringen nicht länger in Dein Bewußtsein. Ohne Eindringen dieser Belastungen wird das Gemüt allmählich gelassen.

5. Schritt - Verinnerlichte Aufmerksamkeit

Wenn Du bis hier hin erfolgreich gewesen bist, wirst Du bemerken, daß Du objektiv bist und Deine Aufmerksamkeit Deinem Befehl folgt. Du kannst sie jetzt willentlich überall hinlenken. Durch Lenken der vollkonzentrierten Aufmerksamkeit in der Meditation entwickelst Du Dich sehr schnell. Auch bei Deiner täglichen Arbeit kannst Du Deine

Aufmerksamkeit auf jede Aufgabe mit den besten Ergebnissen richten, nachdem Du jetzt das Geheimnis der Konzentration erlernt hast. Das wird Dich befähigen, in Deiner gewählten Lebensaufgabe tüchtiger als andere Menschen zu sein. Du wirst in kürzerer Zeit mehr vollbringen. So wie die Konzentration uns befähigt, in dieser Welt leistungsfähiger zu sein, so befähigt sie uns auch, unsere geistige Entfaltung buchstäblich zu beschleunigen und so in diesem Leben mehr zu vollbringen, als der Durchschnittsmensch hoffen könnte, in mehreren Leben zu erreichen.

Der Durchschnittsmensch ist unentschlossen, nicht auf der Höhe, irregeführt und beinahe völlig in der Schattenwelt verstrickt. Er spielt das Spiel des Lebens nach dem Gesetz des Durchschnitts, und seine Erfolge und Mißerfolge zeigen, daß das stimmt. Ein Mensch mit tiefem Einblick, der seine nützliche Tätigkeit in dieser Welt durch vollkommene Konzentration noch unterstützt, kennt den grenzenlosen Erfolg.

6. Schritt - Konzentration

Wichtig in der Meditation ist richtige Konzentration. Worauf soll man sich konzentrieren? Das ist die vorrangige Frage.

Zum gegenwärtigen Zeitpunkt sitze lediglich ruhig und werde innerlich wach. Mit der Zeit wirst Du ein inneres Licht wahrnehmen oder ein Gefühl der Freude oder Wonne erleben oder ein Gefühl des Einsseins mit allem Leben oder ein Gefühl der Allgegenwart Gottes. Was immer Du wahrnimmst, gib Dich dieser Wahrnehmung hin, überlasse Dich ihr, liefere Dich ihr vollkommen aus. Das ist das Geheimnis.
Sich auf einen Aspekt des Unendlichen zu konzentrieren heißt nicht, darüber nachzudenken; es bedeutet, die Aufmerksamkeit zu ihm hinfließen zu lassen und schließlich mit ihm eins zu werden.

7. Schritt - Wahre Meditation

Jetzt meditierst Du richtig. Über ein Problem oder über Gott nachzudenken, zu versuchen, mit entkörperten Seelen Kontakt aufzunehmen oder "Nachrichten" zu erhalten: keine dieser Bemühungen hat irgendetwas mit der wahren Meditation zu tun. Ständiges Fließen der Aufmerksamkeit mit dem Sehnen, zum Objekt der

Konzentration zu werden, ist Meditation. Vertiefe Dich in diese Art Meditation, solange Du kannst. Nach der Meditation wirst Du heller und gelassener, selbstbeherrscht und glücklich sein.

8. Schritt - Einssein

Richtige Meditation führt unweigerlich zur Verwirklichung des Einsseins. In dieser Verwirklichung verlangst Du nach nichts mehr, weil Du in Dir selbst ruhst und im Einklang mit Gott bist. Mit der Zeit erkennst Du schließlich, daß Gott sich durch Dich ausdrückt. Verweile in dieser Erkenntnis des Einsseins.

Solltest Du ein Problem haben oder innerer Führung bedürfen, hast Du nach der Meditation Zeit, daran zu arbeiten. Jedoch nicht ehe Du meditiert hast und soweit wie möglich selbstverwirklicht bist. In Deinem neuen Bewußtsein wirst Du objektiver, unbefangener, klarer und intuitiver.

Die letzten drei Stadien Deiner Übung: Konzentration, Meditation und Einssein werden Kontemplation genannt. Kontemplation ist der Weg zur Erleuchtung.

Weitere Vorschläge

Wenn möglich, ist es am besten, zweimal täglich zu meditieren, mindestens jedoch einmal täglich. Wähle eine Zeit, in der Deine Meditation mit der normalen Haushaltsroutine nicht in Konflikt gerät, und in der Du für eine Weile an einem ruhigen Platz ungestört bist. Wenn Du zunächst ein paar Absätze aus einem inspirierenden Buch lesen möchtest, um Dich einzustimmen, tue es. Nimm dann die richtige Meditationshaltung ein, befreie Dein Gemüt von allen Konflikten, wende Deine Aufmerksamkeit nach innen und meditiere.

Wenn Du mit dieser Übung zum erstenmal beginnst, meditiere für den Anfang 15 bis 20 Minuten. Dehne dann die Zeit aus, solange Du es angenehm empfindest. Benutze keine längeren Meditationszeiten als eine willkommene Gelegenheit, vor täglichen Verantwortlichkeiten auszuweichen. Meditiere regelmäßig und komme dann Deinen Pflichten leicht und objektiv nach. Lebe in dem Gewahrsein Gottes während Du arbeitest und sieh alles, was Du tust, als Aktivität Gottes an. Ungeachtet der Rolle, die wir in dieser Welt spielen, ist sie, wenn wir an unserem richtigen Platz stehen, eine göttliche Rolle.

• • •

„Heute, in der Tiefe der Meditation, erfreue ich mich daran, mich zu erkennen, wie ich wirklich bin — als eine selbstverwirklichte Seele — meines Einsseins mit allem Leben bewußt."

5

Höhere Meditationsmethoden

Nun übst Du die Kunst der Meditation - den *WEG* aller Mystiker und und selbstverwirklichter Frauen und Männer. Das Geheimnis des Erfolgs in der Meditation ist, vertrauensvoll zu sein. Regelmäßiges Üben wird mit der Zeit zufriedenstellende Ergebnisse bringen.

Laß Dich nicht entmutigen und ersehne keine dramatischen Ergebnisse. Sei mit einer stetigen Entwicklung zufrieden. Du bist seit vielen Jahren bewußt oder unbewußt auf dem geistigen Pfad. Laß deshalb dem Beweis der Entfaltung ein paar Monate Zeit, sich zu zeigen.

Wenn Du Dich nach innen wendest, entspanne Dich und erlaube Deinem Gemüt, sich einzupendeln. Beobachte den Atem, wie er ein- und ausströmt. Wenn der Atem ruhig wird und der Körper entspannt ist, wirst Du wahre innere Ruhe erleben. Mit der Zeit kommst Du an den Punkt, an dem Du *gewahr bist, gewahr zu sein.* Dann wirst Du wissen, daß Du nicht der Körper und nicht das Gemüt bist. Du bist *DAS*, was über den Körper und das Gemüt wacht. Und Du bist objektiv und frei.

Während Du meditierst, wirst Du feststellen, daß Deine Aufmerksamkeit leicht zu einem Punkt fließt. Das ist perfekte Konzentration; keine Sache der Anwendung von Willenskraft oder von Anstrengung. Es ist eine Sache der Fähigkeit, sich seinem inneren Wirken entspannt „hinzugeben". Wie sich der Liebhaber seiner Geliebten hingibt, so solltest Du Dich der inneren Zugkraft des Geistes hingeben. Und die Ergebnisse? Sie werden äußerst erfreulich sein!

Während Du entspannst, wirst Du der Eigenschaften des Geistes gewahr. Geist ist in der unmanifestierten Welt ohne Form und Inhalt. Er erscheint jedoch als Materie und nimmt Form und Farbe an, und er manifestiert sich als verschiedene Eigenschaften. Mystiker aller Zeiten und Orte bezeugen, daß sich Geist folgendermaßen manifestiert:

1. Licht: Im ersten Stadium erscheint das innere Licht als geometrische Figuren in leuchtenden Farben oder als unbewußte Bilder. Was immer vor Deinem inneren Auge erscheint, versuche das wahrzunehmen, was hinter der Vision ist, bis Du das klare, weiße Licht des Geistes wahrnimmst, dann gib Dich diesem Licht hin und *werde* Licht.

2. Kosmischer Ton: In der Tiefe der Meditation hörst Du vielleicht den kosmischen Ton von OM, den heiligen Geist, die heilige Vibration, das Wort. Dieses tiefe anschwellende Brausen wird eine intuitive Wahrnehmung der kosmischen Vibration sein. Auch hier gib Dich dem Ton hin und verliere Dich in ihm. Du wirst feststellen, daß diese Art der Meditation therapeutisch ist und das Unterbewußtsein läutert, während sie Dich in die überbewußten Bereiche emporhebt.

3. Freude: Wenn die Lebenskräfte in die höheren Regionen des Körpers fließen, werden sie als Freude empfunden. Wenn sie weiter anwachsen, als Ekstase. Es ist besser, sich nicht allzusehr in diese Gefühle zu verlieren, da der Genuß dazu verleitet, Dich auf dieser Stufe der Wahrnehmung „gefangenzuhalten". Versuche, darüber hinaus zu gelangen.

4. Wonne: Sie ist die Wahrnehmung der Seele. (Tatsächlich die Wahrnehmung der ersten subtilen Umhüllung der Seele). Wenn Du Dir in tiefer Meditation der Wonne bewußt bist, befindest Du Dich über dem Gewahrsein der anderen Körper oder Hüllen. Kontempliere in diesem Wonne-Bewußtsein, solange Du kannst.

5. Friede: Er wird erlebt, wenn alle mentalen Tätigkeiten aufhören, und wenn es keine emotionalen Reaktionen mehr gibt. Wahren Frieden erlangen wir nicht durch Unterdrückung innerer Triebe; er ist die Frucht erfolgreichen Bemühens, Befreiung von Anstrengungen zu erlangen.

6. Liebe: Wir erleben reine Liebe, wenn wir auf allen Ebenen in Kommunikation mit dem Leben sind. „Vollkommene Liebe schließt Furcht aus." Dies ist unsere Verwirklichung. In diesem Stadium nehmen wir wahr, daß alles Eins ist. Verweile darüber in Kontemplation ohne jede Unterbrechung, solange Du kannst.

7. Allgegenwart: Die Erkenntnis: „Alle Dinge wurden durch *Ihn* geschaffen, und ohne *Ihn* wurde nichts geschaffen, was geschaffen wurde", kommt ganz klar. Bewußtsein ist die einzige Wirklichkeit. Alles ist aus einer Grundsubstanz geschaffen. „In dieser bewegen wir uns und haben unser Sein". Nochmals: „Wo immer ich bin, ist Gott". Gott, *unendliches* Leben, Geist, ist in jedem Zeitmoment überall da, wo ich bin. „Dieser Boden ist heiliger Boden". Denke darüber nach und kontempliere es.

8. Allmacht: Eine Macht! Niemals wieder denken wir in Begriffen von „anderen" Mächten. Von „bösen" Mächten. Von „persönlichen" Mächten. Wenn wir mit unserem Platz im Leben übereinstimmen, verschwenden wir keine Kraft an die Bemühungen anderer Menschen, uns im Wege zu stehen. Es gibt nur eine Macht, diese wirkt durch uns und als Du und ich, den großen Plan zu erfüllen!

9. Allwissenheit: Wir können alles erfahren, was es zu wissen gibt, wenn wir offen und bereitwillig sind, es zu erkennen. Dies ist das Geheimnis! Da wir Seelen individualisierter Geist sind, sind wir, was Gott ist. Deshalb wissen wir, was Gott weiß. Wenn wir das bewußte Gemüt in der Meditation entspannen und das Wissen hervortreten lassen, können die Geheimnisse des Universums durch uns enthüllt werden.

Weitere Vorschläge

Du brauchst keinen bestimmten Platz für die Meditation. Jeder ruhige Platz tut seinen Dienst. Einige mögen Musik während der Meditation. Um sich einzustimmen, ist das richtig, dann sollte sie jedoch abgestellt werden. Denn während wir — wie in diesen Lektionen erklärt — meditieren, versuchen wir, die Aufmerksamkeit zu verinnerlichen. Jeder äußere Laut würde Konflikte verursachen.

Es ist gut, täglich ein- oder zweimal zu meditieren, sogar für kurze Zeiten, da dies das Gemüt beruhigt und uns in Einklang mit dem Unendlichen bringt. Längere Meditationen sind dann gut, wenn Du in tiefer Konzentration üben kannst.

Gruppenmeditation kann nützlich sein, wenn Zielstrebigkeit vorhanden ist. Es ist jedoch besser, von der Gruppenmeditation nicht abhängig zu werden.

Außerdem ist es klug, nicht über innere Erfahrungen mit anderen zu diskutieren, es sei denn, Dein Lehrer oder ein vertrauter Freund ist erfahren auf dem geistigen Pfad.

Laß Dich nicht von psychischen Erfahrungen faszinieren, wie z.B. dem Sehen verschiedenfarbiger Lichter, dem Fühlen ungewöhnlicher Sensationen oder dem Versuch, mit anderen in Kontakt zu kommen etc.. Wahre Meditation dient dem alleinigen Zweck, seelenbewußt oder gottbewußt zu werden.

Zeichen des Fortschritts

Du wirst merken, daß Du aufgrund Deiner Meditation auf dem Pfad fortschreitest, wenn Du feststellst, daß Du innerlich ruhiger, objektiver und verständnisvoller bist, auch indem Du feststellst, daß die Heiligen Schriften und die Bücher Erleuchteter leichter für Dich verständlich sind.

Erwarte von der Meditation nicht die Lösung Deiner persönlichen Probleme. Es ist richtig, daß in dem Maße, wie wir uns selbstverwirklichen, die Harmonie vorherrscht, innere Führung einsetzt und Einsichten sich vertiefen. Wir müssen jedoch auch reif genug sein, in bezug auf unser persönliches Leben vernünftige Entscheidungen zu treffen. Sehr häufig werden wir durch negatives Denken, durch eine geringe Meinung von uns selbst oder durch die Furcht, eine Situation zu ändern, an unglückliche Lebensbedingungen gebunden.

Ich empfehle immer, daß Suchende des Okkulten auch praktische metaphysische Anleitungen lesen und sich zu Herzen nehmen sollten. Häufig sind wir fähig, einer Situation mit etwas gesundem Menschenverstand zu begegnen und sie zu meistern. Das ist besser als für Monate oder Jahre in einer Bedingung verhaftet zu sein, nur weil wir von der Meditation anstatt von uns selbst die Lösung erwarten.

Wir leben in einem geistigen Universum

Während wir uns allmählich entwickeln, werden wir gewahr, daß diese Welt, in der wir leben, Geist ist, so geformt, wie wir die Welt erblicken. Wenn wir dies erkennen, unterscheiden wir nicht mehr länger zwischen materiellen und geistigen Dingen oder denken nicht mehr an materielle Aktivitäten. Wenn wir in Harmonie und an unserem richtigen Platz im Leben sind, leben wir in jedem Moment intuitiv und tun die richtigen Dinge zur rechten Zeit. Auf diese Weise ist unser tägliches Tun göttliches Tun.

Ja, während wir unserem Beruf nachgehen und uns unseren familiären und allgemeinen Verpflichtungen annehmen, während wir alles tun, was wir seither getan haben, tun wir es in einem neuen Licht, und wir stellen fest, daß wir genau hier, in dieser Welt, im Himmel leben — im Bereich der Erfüllung.

Richtig ist: sich nach der Meditation schöpferisch engagiert mit einem Gefühl der Nicht-Verhaftung dem Leben zuzuwenden mit der Erkenntnis, daß Geist durch uns und als wir immerfort wirkt.

Wenn wir uns so verhalten, leben wir in dem immerwährenden Jetzt, die einzige Zeit, die es für uns gibt. Dann werden wir wie Götter, im Rahmen von Zeit und Raum wirkend, und sind uns innerlich unseres wahren unwandelbaren Wesens bewußt. Während sich um uns herum die Bedingungen ändern, während Ereignisse in unserem Leben kommen und gehen, bleiben wir gelassen und unbewegt. Das ist der Weg der Weisen: Auf dieser Ausdrucksebene nicht allzusehr in irgendetwas verwickelt zu sein, nicht dem Grade geistiger Blindheit gemäß verhaftet zu sein. Ein Mensch mit erwachtem Bewußtsein greift weder nach dem Leben, noch weist er das Leben zurück. Er nimmt es, wie es kommt. Und wenn sein Bewußtsein klar ist, wird alles, was in sein Leben tritt, wunderbar und richtig für alle Beteiligten sein.

Entsagung ist der Schlüssel zum geistigen Leben. Ein wahrhaft Entsagender weicht niemals von der Erkenntnis ab, daß „alles von *Ihm* geschaffen wurde, und nichts ohne *Ihn* geschaffen wurde, was geschaffen wurde." Wir können soviel Materie dieser Welt handhaben, wie wir Verantwortung dafür übernehmen, wenn wir uns im richtigen Bewußtsein befinden. Wenn wir uns ohne egoistische Motivation und ohne Verhaftung durch das Leben bewegen, sind wir frei, denn wir wissen im Innern, daß das Leben ein göttliches Drama ist. Handlungen binden uns nicht. Egoismus in Unwissenheit allein bindet. So wie Sri Krishna in der Bhagavad-Gita ausspricht: „Nahe der Entsagung, sehr nahe, liegt ewiger Friede."

Denke daran, von Zeit zu Zeit Bücher der Erleuchteten zu lesen, weil diese uns inspiriert halten. Mitunter bist Du zur Meditation nicht aufgelegt, oder wenn Du meditierst, bringt die Übung scheinbar keinen Erfolg. Diese trockenen Perioden sind zu erwarten. Halte an Deinem Vorsatz fest, das endgültige Ziel zu erreichen, und Du wirst mehr und mehr eine tiefe Befriedigung in Deiner Praxis und eine Vorfreude auf die nächste Meditation feststellen.

● ● ●

„Heute, nach meiner vom Geist erfüllten Meditation, schreite ich im Bewußtsein meines wahren Wesens fort, alles als Manifestation des Einen erkennend. Alles, was ich tue, ist inspiriert und gut."

6

Erwachte Intuition

(Und wie man außersinnliche Fähigkeiten nutzt)

Ohne erwachte Intuition kann es keine geistige Entwickling geben, weil Intuition die Fähigkeit der Seele ist, direkt wahrzunehmen, was sie wahrzunehmen wünscht.

Erinnere Dich, wir denken nicht unseren Weg ins Gott-Bewußtsein. Wir werden weder durch unser Studium noch durch Erfahrung gottbewußt. Wir werden gottbewußt in dem Maße, wie wir aus dem Traum der Sterblichkeit erwachen — der Überzeugung, wir seien von Gott getrennt.

All unser Tun auf dem Weg der Selbstdisziplin (Gebete, Meditation, richtiges Studium etc.) dient dazu, unser Bewußtsein zu klären und die Erinnerung des Seelenwesens zu erwecken. Wir sind bereits das, um dessen Verwirklichung wir uns seit Inkarnationen bemühen. Alles, was wir zu tun haben, ist, zu der Erkenntnis zu erwachen, daß dies wahr ist. Und es ist die Intuition, die uns zum Erkennen befähigt. Durch erwachte Intuition offenbart sich die Wahrheit über das Leben.

Intuition ist das gleiche wie ASW

ASW = außersinnliche Wahrnehmung oder ESP = Extra-Sensory-Ability ist das gleiche wie Intuition. Sie ist eine Fähigkeit der Seele und nicht eine Eigenschaft des Gemüts. Viele Forscher suchen im Gemüt des Menschen nach dem Schlüssel von ASW, sie werden jedoch dort nicht die Antwort finden. ASW kann nur dann verstanden werden, wenn dieses Objekt so untersucht wird, wie wir es hier untersuchen.

Nun, einige Menschen sagen, sie möchten ihre ASW-Fähigkeiten nicht wecken, weil sie entweder von seltsamen psychischen Erfahrungen gehört oder selbst solche erlebt hätten. Laßt es mich gerade heraus sagen: Wenn unser Bewußtsein klar ist und unsere Ziele richtig sind, werden wir keine unangenehmen, seltsamen oder erschreckenden Erfahrungen machen. Wir stimmen uns auf alles ein, wonach wir bewußt oder unbewußt suchen. Wenn wir nur das wünschen, was heilsam und hilfreich für unseren geistigen Fortschritt ist, werden wir auch nur dessen durch Anwendung der Intuition gewahr werden. Viele für außersinnliche Einflüsse empfängliche Menschen, allerdings nicht alle, sind noch immer materialistisch eingestellt oder denken negativ. Dies trägt zu den seltsamen und für den Wahrheitssuchenden unerwünschten Erfahrungen bei.

Wie können wir die Intuition wecken?

Wir können die Intuition wecken, indem wir sie anwenden. Wir alle haben Intuition. Einige wenden sie mehr an als andere. Je mehr Du die Intuition anwendest, um so großartiger wird sie sich in Deinem Leben manifestieren. So beginne zu „erwarten", daß Deine Intuition erwacht. Beginne zu „erwarten", fähig zu sein, die Intuition anzuwenden. Betrachte sie als natürlich. *Erwartung löst intuitive Erweckung aus.* Wenn Du die Heiligen Schriften oder irgendeine andere Wahrheitsliteratur liest, erwarte fähig zu sein, die Gedanken des Autors zu kennen, die er hatte, als er zum erstenmal darüber schrieb. Auf diese Weise stimmst Du Dich auf die Ebene seines Bewußtseins ein und gewinnst Einsicht in seinen Vorsatz und in seine Absicht.

Wenn Du einem Wahrheitslehrer beim Sprechen zuhörst, entspanne Dein bewußtes Gemüt und versuche intuitiv wahrzunehmen, was er zu sagen beabsichtigt. Dann wirst Du hinter seinen verbalen Ausdruck kommen und seine Bewußtseinsebene wahrnehmen. Auf diese Weise wirst Du auf einer nonverbalen Ebene unterwiesen.

Öffne Dich während Deiner Meditation, und Du wirst feststellen, daß Du Einsichten gewinnst, wie Du sie Dir niemals zuvor vorgestellt hast.

Praktische Anwendung der Intuition

Versuche in allgemeinen Gesprächen mit Menschen mehr als ihre Worte wahrzunehmen. Stimme Dich auf Ihre tatsächlichen Gedanken und Gefühle ein. Auf diese Weise wirst Du lernen, Menschen wie ein Buch zu lesen, und Du wirst mehr über sie wissen, als Du sonst nach Monaten ständigen Zusammenseins mit ihnen wissen würdest.

Wenn Du mit einem Problem konfrontiert bist, tue dies: Setze Dich ruhig hin und entspanne Dich. Wisse, daß in Dir die Fähigkeit ist, die Lösung des Problems zu sehen. Sei nicht verhaftet und verwickele

Dich nicht emotionell. Dann wirst Du klar sehen. Wenn Du nicht gleich das Problem durchschauen kannst, dann akzeptiere innerlich die Tatsache, daß sich Dir die Lösung in naher Zukunft enthüllen wird. Gehe dann Deinen gewohnten Tätigkeiten nach, und in einem Moment, in dem Du nicht bewußt an dem Problem arbeitest, wird die Antwort in Deinem Gemüt aufleuchten. Oder irgendjemand wird etwas zu Dir sagen, das die Lösung zur Folge hat. Oder Du wirst möglicherweise die Lösung in einem Traum sehen. Hauptsache ist, das bewußte Gemüt zu entspannen und darauf zu warten, die Lösung zu erhalten.

Viele Leiter großer Unternehmen wenden ständig Intuition an, um Probleme zu lösen, innere Führung zu erhalten oder Antworten zu Fragenkomplexen zu finden. In einem Artikel im Wall-Street-Journal wurde neulich gefolgert, daß ein verborgener Faktor bei den Operationen der erfolgreichen Investoren auf dem Effektenmarkt Intuition war.

Mit anderen Menschen Kontakt aufnehmen

Wenn Du mit einem anderen Menschen auf Entfernung Kontakt aufzunehmen wünschst, von dem Du weder die Adresse noch die Telefonnummer kennst, mache folgendes: Setze Dich ruhig hin und schaue nach innen — stelle Dir diesen Menschen bildlich vor und fühle seine Gegenwart so, als wäre er im gleichen Raum mit Dir. Dann bitte diesen Menschen gedanklich darum, Kontakt zu Dir aufzunehmen. Kurz danach wird derjenige, mit dem Du diesen Kontakt hergestellt hast, Dich entweder anrufen, Dir schreiben oder Ihr werdet Euch „zufällig" treffen. Versuche es. Es geht nie fehl.

Bei der Anwendung von ASW sollten wir auch ohne besonderen Hinweis daran denken, niemals andere Menschen zu übervorteilen. Unsere Motive müssen immer die höchsten und besten sein. Wenn unsere Motive rein sind, gibt es keinen Grund, warum wir nicht in schöpferischer Weise ASW anwenden sollten. ASW-Fähigkeiten zu haben und sie nicht anzuwenden, wäre das gleiche, wie die Fähigkeit zum Sehen und Hören nicht bewußt zum Sehen und Hören anzuwenden. Wir sollten jede natürliche Begabung anwenden, um unser Leben fruchtbarer zu gestalten.

In ein- bis zweitausend Jahren werden die meisten Menschen die Intuition so selbstverständlich anwenden, wie sie jetzt andere

Fähigkeiten einsetzen. Als Wahrheitssuchender bist Du der Masse in ihrer Entwicklung voraus und kannst das jetzt schon anwenden, was in Jahrhunderten allgemein üblich sein wird.

Ohne Intuition könnte ich niemals das ausführen, was ich gerade tue. Wenn ich den inneren Antrieb zum Handeln verspüre — entweder mit jemanden in Kontakt zu kommen, ein Buch zu schreiben oder eine Vortragsreise zu unternehmen, was auch immer — ich tue es. Ich weiß, daß diese Arbeitsweise wundervolle Resultate bringt.

Der Unterschied zwischen intuitiver Führung und Wunschdenken

Durch Üben werden wir feststellen, daß ein intuitiver Antrieb kristallklar ist und plötzlich aufkommt. Wunschdenken ist mit unterbewußten Launen gleichzusetzen. Der einzige Weg, am Anfang den Unterschied zu erkennen, ist, die Art des Antriebes herauszufinden. Erforsche sie, und Du wirst den Unterschied erkennen. Ohne Kontrolle können wir nicht sicher sein. Wenn wir lernen, auf das Unendliche mehr und mehr zu vertrauen, werden wir schon nach kurzem Üben feststellen, daß wir in allem, was wir tun, intuitiv geführt werden. Gleichzeitig stellen wir auch fest, daß die aus unseren Ängsten herrührenden Spannungen verschwinden. Wir fürchten nicht länger die Zukunft. Wir wissen, daß jeder Schritt, den wir tun, der richtige ist, auch dann, wenn wir anfangs noch Zweifel haben sollten.

Erwachte Intuition heißt "Wiedergeboren sein"

Nur wenn der Mensch wiedergeboren wird, kann er das Himmelreich erleben. Nur wenn wir intuitiv erwachen, werden wir fähig, die subtile Wahrheit des Lebens zu erfassen. Ein Mensch ohne Intuition ist materialistisch, da er durch die Sinne gebunden ist. Derjenige, in dem die Intuition erwacht ist, nimmt Dinge wahr, die nicht durch die Sinne allein zu erfassen sind.

Wir sollten jetzt unsere Intuition dazu benutzen, unseren Platz in diesem Leben zu finden, innere Führung zu erhalten, andere Menschen zu verstehen und sogar, wenn erforderlich, uns mit anderen auf Entfernung zu verständigen. Der größte Gewinn, den uns diese Fähigkeit bringen kann, ist, die Rätsel dieser Welt zu entschleiern.

Unglücklicherweise wenden viele Menschen ASW-Fähigkeiten nur zu ihrem persönlichen Nutzen an und denken nicht daran, das Hauptproblem zu lösen, nämlich geistige Unwissenheit. Nur wenn dieses Problem durch Intuition gelöst ist, werden Leid und Kampf der menschlichen Existenz für immer verbannt.

Laßt uns deshalb beschließen, die Wahrheit zu erkennen. Laßt uns während unseres Bemühens, die Welt zu einer besseren Stätte zu gestalten, auch daran arbeiten, unser Wesen als bewußte Kinder des Lichts zu erkennen.

Das Ziel ist nicht so fern: „Es gibt unter Euch einige, die hier bleiben und solange nicht sterben, bis sie das Reich Gottes mit Macht kommen sehen". Ja, das ist wahr. Es gibt einige, die diese Seiten lesen und noch vor dem Ende dieser gegenwärtigen Inkarnation zu der Erkenntnis des Reiches des Heils erwachen, in dem überall Licht und Harmonie ist. Wirst Du einer dieser Wenigen sein? Ich hoffe es. Der Weg steht Dir offen, wenn Du wirklich dazu entschlossen bist.

Erinnere Dich: Das Lebensziel ist die Befreiung des Bewußtseins. Das wichtigste ist die feste Entscheidung, dieses Ziel erreichen zu wollen, und danach die Überzeugung, daß dies möglich ist. Danach mußt Du alles daran setzen, Dein Bewußtsein zu klären. Erleuchtung ist das Ergebnis. Vollkommene Erweckung.

Jemand, der intuitiv erwacht ist, bewegt sich durchs Leben wie der Wind. Seine Handlungen sind nicht immer für den Durchschnittsmenschen begreiflich, weil er sich aufgrund innerer Anweisung bewegt und nicht mehr mit unterbewußten Bedingungen übereinstimmt. Ein solcher Mensch ist die Verkörperung der Wahrheit. Ein solcher Mensch, der vollständig gottbewußt ist, kann sagen: "Ich selbst tue nichts". Oder: "Wer mich gesehen hat (mein wahres Ich), hat den Vater gesehen".

Für jeden auf dem geistigen Pfad ist Erleuchtung das Hauptziel. Ein solcher Mensch wird nicht dadurch abgelenkt, daß er sich allzusehr abmüht, ASW "unter Beweis zu stellen", für andere Vergangenheit oder Zukunft zu "lesen", um ihre Neugier zu befriedigen. Er wird auch nicht ASW anwenden, um andere Menschen zu beherrschen oder sie zu übervorteilen.

Wie einer der großen Meister sagte: „Von tausend Menschen sucht einer geistige Einsicht, von tausend Suchenden wird einer sie finden." Der eine, der die große Erfüllung erfährt, ist der eine, der nie innehält, sondern den ganzen Weg geht.

● ● ●

„Heute vertraue ich auf das Unendliche, um innere Führung, Weisung und Einsicht zu erhalten. Mit dem Auge der Intuition erschaue ich die Wahrheit über das Leben und nicht die Verwirrungen des begrenzten Gemüts."

7

Durchschreiten psychischer Bereiche

Es ist ganz natürlich für die erwachte Seele, daß sie der psychischen Bereiche gewahr wird und sie verstehen will.

Das Wörterbuch sagt folgendes über das Wort Psyche:„..bezieht sich auf die menschliche Seele, auf über- oder außersinnliche mentale Funktionen wie Hellsehen, Telepathie etc., auch auf die nicht-physikalischen Kräfte oder Ereignisse."

In der Lektion 6 dieses Buches besprachen wir ASW und wie sie richtig anzuwenden ist, um unser Leben in dieser Welt zu steigern und schließlich Selbstverwirklichung zu erlangen. Während wir uns entfalten, können wir es nicht verhindern, Notiz von psychischen Aktivitäten zu nehmen. *Wir können jedoch vermeiden, uns übermäßig damit zu beschäftigen oder uns in Phänomene zu verwickeln, die nicht zu unserem geistigen Wohlergehen beitragen.* Und hier ist der Schlüssel dafür: Unterstützt uns unser Interesse oder unsere Beschäftigung mit Dingen der psychischen Natur darin, unser Ziel der Erleuchtung zu erreichen?

Warum wir nicht übermäßig daran interessiert sein sollten, psychische Phänomene zu untersuchen

Mit Sicherheit können wir sagen, daß jede spontane psychische Erfahrung, die wir machen und die von uns objektiv betrachtet werden kann, in der göttlichen Ordnung enthalten ist. Die Falle klappt jedoch dann zu, wenn wir häufig so vertieft in „Untersuchungen" der psychischen Phänomene sind, daß wir unser Hauptziel der Erleuchtung vergessen.

Laßt es mich ganz klarstellen: Diese Lektion ist keine Kritik an verantwortungsvollem Erforschen psychischer Bereiche. Ich möchte lediglich auf die Fallen in diesen Bereichen hinweisen. Übermäßig an mentalen und astralen Geschehnissen interessiert zu sein, ist genauso konträr zur geistigen Entfaltung wie übermäßiges Interesse an naturwissenschaftlichen Forschungen. Viele Forscher sind sich nämlich weder dessen bewußt, womit sie sich beschäftigen, noch kennen sie das wahre Wesen der Seele und wissen nicht, was das Gemüt tatsächlich ist.

Einige Forscher denken, daß das Gemüt die Seele sei. Wir wissen, sie ist es nicht. Das Gemüt ist ein magnetisches Feld, in welchem Vorstellungen zu einem schöpferischen Zweck geformt werden. Die Seele wird selbstverwirklicht in dem Maße, wie sie sich von dem Gemüt loslöst und intuitiv wirkt.

Wahr ist, daß wir durch Intuition lernen können, Telepathie einzusetzen, die Aura zu sehen, Menschen zu „lesen", in die Vergangenheit und in die Zukunft zu schauen. Aber wofür? Das ist die Frage, die wir uns immer zuerst stellen sollten, bevor wir diesen Dingen nachgehen. Reine Motive sind wichtig.

Es gibt Tausende von Menschen in der Welt, die ihr Studium über psychische Phänomene zu ihrem Hauptziel machen. Sie sind nicht daran interessiert, persönliche Probleme zu lösen, ihr Leben in Ordnung zu bringen, selbstvertrauend und selbstverwirklicht zu werden. Sie sind fasziniert, wenn sie von einem neuen Medium hören, das bemerkenswerte Dinge „sehen" kann, trotz der Tatsache, daß die meisten Medien, die viel Aufsehen erregen, geistig nicht erweckt sind. Sie arbeiten entweder rein kommerziell oder werden zum größten Teil mehr durch ihre eigenen unterbewußten Modelle beherrscht als durch Intuition.

Viele Medien sind fatalistisch, sie setzen beinahe voraus, daß „was sein wird, eben sein wird." Viele von ihnen lehren eine Philosophie, die mit Wahrheitslehren nicht übereinstimmt. Es wird zuviel Bedeutung auf Karma gelegt: Der Mensch sei Opfer seiner Vergangenheit und ein Sklave äußerer Mächte. Viele von ihnen geben „Deutungen", die zum größten Teil nur Zeitverschwendung sind. Sie können einen Menschen mit Geschichten aus vergangenen Leben fesseln, aber selten können sie einen vernünftigen Weg zur Selbstverwirklichung aufzeigen.

Ein ernsthafter Wahrheitssuchender sollte nicht der Versuchung nachgeben, sich in einen Trancezustand zu begeben, um durch eine sogenannte höhere Intelligenz „benützt" zu werden. Gibt es jemanden, der intelligenter ist als Du, wenn Deine Intuition erwacht ist? Wann willst Du sie erwecken und lernen, in Gott verankert zu leben, anstatt von äußeren und „höheren" Intelligenzen abhängig zu sein? Ein Wahrheitssuchender sollte nur von seinem Guru oder seiner eigenen erweckten Intuition geleitet werden. Wenn Du noch niemanden gefunden hast, der ein Guru für Dich sein könnte, dann lese die Heiligen Schriften und Bücher Erleuchteter, weil Du in ihnen die reine

Wahrheit finden wirst. Ich habe hier nicht die Absicht, im Einzelnen auf das Geschehen in Trance einzugehen. Ich möchte lediglich darauf hinweisen, daß in den meisten Fällen, in denen „höhere Intelligenzen" durch eine in Trance befindliche Person wirken, nur das bewußte Denken ausgeschaltet ist, so daß ein anderer Teil der Persönlichkeit sich ausdrücken kann. Warum sollten wir unbewußt tun, was wir bewußt und mit völliger Wahrnehmung tun können? Warum sollten wir uns vor uns selbst verstecken?

Letztlich kennen wir den Weg der Selbstverwirklichung: Wir müssen Selbstdisziplin üben, Wahrheitsliteratur lesen, meditieren und jederzeit bewußt in dem Gewahrsein der Gegenwart leben.

Wann immer wir uns erlauben, von irgendjemandem oder von irgendetwas abhängig zu sein, schwächen wir uns und behindern unser eigenes Seelenpotential. Unsere Zukunft ist, was wir im Bewußtsein sind. Unsere gedankliche Einstellung und die innere Verwirklichung unseres Seelenwesens garantieren, daß die Zukunft wunderbar sein wird. Dies garantiert, daß wir immer „zur rechten Zeit am richtigen Platz" sein werden. Das bedeutet, daß wir uns niemals mehr zu fürchten brauchen, besorgt oder unsicher sein müssen. Wir sind Erben des Reiches Gottes, und wenn wir geistig erweckt sind, ist der Boden, auf dem wir stehen, heiliger Boden, und das Unendliche drückt sich in jedem Moment durch uns und als wir aus.

Vor Jahren deutete ich die Vergangenheit und Zukunft der Menschen, und ich bemerkte, daß mir diese ziemlich aufsehenerregenden Ergebnisse sogar leicht fielen. Aber ich stellte ebenfalls fest, daß sich die Ergebnisse nie gelohnt haben. Wenn ich Dir die Vergangenheit deute, mag Dich das von meinen ASW-Fähigkeiten überzeugen. Aber es bringt Dir nichts, wenn ich Dich nicht geistig erwecke und dazu ermutige, den geistigen Pfad vernünftig zu gehen. Ich möchte, daß Du selbstverwirklicht bist. Ich möchte, daß Du die Wahrheit kennst und frei bist — und niemals von irgendetwas abhängig bist, außer von Deinem eigenen bewußten Gewahrsein des Lebens.

Ein Beispiel

Yogananda erzählte häufig die Geschichte von einem Mann, der eingeladen war, einen König zu besuchen. Nachdem er lange vor seiner Verabredung angekommen war, spazierte er durch den wunderschön angelegten Palastgarten. Er war so sehr von den Blumen, den Teichen und den schönen Plätzen gefesselt, daß er vollkommen seine Verabredung vergaß. Nun, hätte er den König getroffen, hätte er jederzeit danach Zugang zu den Palastgärten haben können. Doch er erlaubte sich, abgelenkt zu sein. So ist es mit Vielen auf dem geistigen Pfad. Sie beginnen richtig, mit guten Absichten und lohnenden Anweisungen. Aber während des Weges vergessen sie, den ganzen Weg zu gehen und Gott zu erkennen. Stattdessen lassen sie sich von Phänomenen faszinieren, so daß sie diese Inkarnation verlassen und ihr Lebensziel verpassen. Es gibt viel Zeit in der Ewigkeit, um jeden Aspekt des Universums zu erforschen — aber das Erste zuerst: Jetzt ist die Zeit, die Wahrheit — Gott — Dich selbst zu verwirklichen.

Einige Vorschläge

Es ist nicht falsch, gute grundlegende Bücher über psychische Phänomene zu lesen, um intellektuelle Einsicht in dieses Gebiet zu bekommen. Es empfiehlt sich auch, autorisierte metaphysische Bücher zu lesen, die die schöpferische Anwendung geistiger Fähigkeiten behandeln. Nicht zuletzt beherrschen wir durch die Anwendung der schöpferischen Fähigkeiten sowohl die astralen als auch die physischen Kräfte. Danach ist es wichtig, nach geistiger Erweckung zu streben, so daß Du in die Lage versetzt wirst, durch die Gnade zu leben, bewußt in Harmonie mit dem Leben zu fließen, Deiner klarsten Intuition zu folgen.

Wenn Du dermaßen erwacht bist, wirst Du Dich nicht mehr täuschen lassen. Du wirst die Menschen verstehen, die Welt, in der Du lebst, die Heiligen Schriften und bedeutungsvollen Bücher. *Selbstverwirklichung bedeutet Verwirklichung von allem, was es gibt.*

Es gibt in dieser Welt so viel zu tun! Warum Zeit damit vergeuden, uns mit dem Rande der psychischen Bereiche zu beschäftigen, wenn wir *das Ganze haben können,* wenn wir *frei* sein können? Warum Zeit damit vergeuden, das Überleben der Persönlichkeit oder irgendetwas anderes zu beweisen, wenn Millionen in dieser Welt noch nicht von dem Weg zur Freiheit gehört haben?

Schließlich ist dies unser Hauptgrund, warum wir in dieser Welt sind — selbstverwirklicht zu werden und anderen den Weg zur Selbstverwirklichung zu zeigen. Alles andere kommt ganz natürlich an seinen richtigen Platz, wenn wir das Bestmögliche tun, die Wahrheit zu erkennen. Viele Menschen vergeuden Zeit damit, psychische Phänomene zu erforschen, weil es ihnen etwas zu tun gibt, ihnen die Zeit vertreibt. Es ist eine gesellschaftliche Betätigung und verschafft ihnen das Gefühl, etwas zu lernen. Oft ist es eine Flucht vor der Aufgabe, das Leben voll zu leben, und vor der Verantwortung, Erleuchtung zu erfahren.

Wieviel Zeit bleibt Dir noch in dieser Inkarnation? Und was machst Du mit ihr? Denke an diese Dinge. Neben der Erfüllung unserer persönlichen Verantwortlichkeiten kann alles andere warten — nicht jedoch die Suche nach Selbstverwirklichung!

• • •

„Heute beschließe ich erneut, selbstdiszipliniert zu sein und größere Schritte auf dem Pfad zur endlichen Erleuchtung zu tun. Ich beschließe, die psychischen Bereiche zu verstehen, jedoch durch sie hindurch zu gehen und gefestigt in der Verwirklichung meines wahren Wesens zu sein."

8

Schöpferische Imagination — das Erfolgssystem, das nie versagt

Schöpferische Imagination wird das „Erfolgssystem, das nie versagt"
genannt. Sie ist eine wirksame Methode, die zu Ergebnissen führt und
jeden befähigt, die Gestaltung seines Schicksals in die Hand zu
nehmen.

Hin und wieder stellen wir uns bildlich vor, eine bestimmte
wünschenswerte Erfahrung zu machen. Die Technik der schöpferischen Imagination ermöglicht uns die Kontrolle unserer Vorstellungsbilder und gibt uns die Gelegenheit, unser Leben zu meistern.

Ich bin mir darüber im klaren, daß einige Leser das Für und Wider der
Techniken „sich bestimmte Dinge vorzustellen" und „Dinge geschehen
zu lassen" erwogen haben. Bei der Anwendung dieser Methode setze
ich natürlich reine Motive und intuitive innere Führung voraus. Wir
sollten nicht die Methode anwenden, um lediglich Launen oder
unbewußte Zwänge zu befriedigen. Wir wenden diese Methode an, um
unsere Welt zu ordnen, wenn wir einmal sicher sind, welche Schritte
wir zu tun haben.

Schöpferische Imagination wirkt für jedes Ziel

Ungeachtet dessen, welches Ziel wir haben, wir erreichen es immer mit
den selben Schritten. Zuerst müssen wir es klar definieren und ordnen;
wir glauben an die Möglichkeit der Erfüllung, ändern unsere
Einstellung so, daß wir das Ziel innerlich akzeptieren und es tatsächlich erreichen.

Nur ein unrealistischer Mensch behauptet, nichts in dieser Welt zu
wünschen. Wir alle wollen irgendetwas: eine bessere Stellung, höheren
Verdienst, bessere Gesundheit, glücklichere Beziehungen zu anderen,
mentale Fähigkeiten und geistige Kenntnisse.

Um die Bedingungen so zu verändern, daß wir von dort, wo wir zu
sein scheinen, dahin gelangen, wo wir sein möchten, müssen wir eine
innere Wandlung vollziehen. Wir müssen uns selbst ändern: unser
Denken, Fühlen und Verhalten. Es gibt keinen anderen Weg. Innere

Umwandlung spiegelt sich als äußere Veränderung wider in Übereinstimmung mit dem inneren Bild oder der Vorstellung.

So laßt uns beginnen.

Vier grundsätzliche Schritte

Laßt uns, bevor wir beginnen, innerlich folgende Tatsache akzeptieren: *Wir können jede vernünftige Erfahrung zu der unsrigen machen.* Wir müssen nur im Rahmen der Gesetze des Universums und der Natur wirken. Wir müssen verstehen, daß alles, was wir wahrnehmen, nichts anderes als geformtes Bewußtsein ist. Unsere eigene Welt, unsere Umgebung, ist die Projektion unserer diesbezüglichen unterbewußten Überzeugungen. Das ist zu tun: Zuerst entscheide, was Du zu erfahren wünschst, welche Ziele Du erreichen möchtest, welche Veränderungen Du in Deinem Leben wünschst. Sei Dir völlig klar darüber. Viele Menschen erreichen ihre Ziele deshalb nicht, weil sie sich über ihre Ziele nicht im klaren sind.

1. *Entspanne an einem ruhigen Platz,* im Bett, auf einem Sofa, in einem großen bequemen Sessel. Jetzt schließe Deine Augen und versinke in einen Traumzustand — halbwegs zwischen Wachen und Schlafen — noch bewußt genug, um zu denken und Deine Imagination zu kontrollieren, jedoch unterhalb der Schwelle der bewußten Gemütstätigkeit.

2. *Stelle Dir in Deinem geistigen Auge eine Situation vor,* die die Erfüllung Deines Traumes oder die Erlangung Deines gewählten Ziels zum Inhalt hat. Denke jetzt nicht daran, wie dies zu erreichen ist. Stelle Dir lediglich innerlich eine Szene vor, in der Dein Ziel bereits erreicht ist.

3. *Fühle, daß das wahr ist,* mit allen Empfindungen der Realität. Über eine Erfahrung nachzudenken, aber unterbewußt das Gegenteil als wahr zu empfinden, heißt die Aufmerksamkeit zu teilen. Jedoch zu empfinden, daß Dein Ziel jetzt bereits erreicht ist, ändert Deine Einstellung — es bringt das „Später" ins „Jetzt" und das „Dort" ins „Hier". Mit anderen Worten: Du solltest im Vollbesitz Deines Zieles leben — jetzt schon. Getreu dem inneren Bild und der Empfindungsfähigkeit.

4. *Schlafe ein.* Schlafe entweder die Nacht durch oder für ein paar Minuten. Dies versiegelt die Erfahrung in Deinem Bewußtsein als eine tatsächliche Erfahrung. Soweit sich Dein Unterbewußtsein damit beschäftigt, hast Du das bereits erfahren, was Du Dir vorgestellt und als real empfunden hast.

Ist das Wunschdenken?

Bei Anwendung dieser Methode machen wir uns selbst nichts vor. Wir pflanzen lediglich das Bild von Erfolg und Zielerreichung in das Unterbewußtsein ein, um das Bild von Mißerfolg und Frustration zu ersetzen. Das Unterbewußtsein macht keinen Unterschied darin, ob ein Bild aufgrund einer Erfahrung oder einer Imagination aufgezeichnet ist. Es akzeptiert jede Aufzeichnung, und die Reaktion erfolgt automatisch.

Was mache ich jetzt?

Das ist die nächste logische Frage. Was mache ich jetzt, nachdem ich das Bild mit Gefühl in mein Bewußtsein als Tatsache aufgenommen habe? Es gibt zwei Möglichkeiten entsprechend Deiner intuitiven inneren Führung. Beginne entweder mit einer konstruktiven Tat oder, wenn Du nicht weißt, wie Du beginnen sollst, mache nichts — mit der Ausnahme: Behalte die „Überzeugung" bei, daß Dein Ziel schon erreicht ist, Dein Traum schon jetzt materialisiert ist, obwohl es keinen sichtbaren Beweis dafür gibt, der die Überzeugung und das Gefühl unterstützt. Wenn Du Dich so verhältst, lebst Du im Vertrauen: Du siehst die Dinge, wie Du sie zu haben wünschst, nicht wie sie in diesem Moment sind. Weil das Ende getreu dem Ursprung verläuft, und weil der Ursprung aller persönlichen Erfahrungen in unserem Gemüt und Bewußtsein ist, sehen wir — nachdem wir das neue innere Bild in uns hineingegeben haben und an ihm ohne Zweifel und Schwanken festhalten — schon bald Dinge, die in uns und um uns herum geschehen. Sie verändern unsere Welt und stimmen mit dem neuen Bild überein, von dem wir überzeugt sind, daß es für uns wahr ist.

So ist es. Es ist einfach und bringt Ergebnisse. Du brauchst es nicht zu glauben, nur weil ich sage, daß es stimmt — versuche es!

Ich kenne Menschen, die wünschenswerte Freunde, Geld, Bücher und Geschäftsgelegenheiten etc. lediglich durch die „Überzeugung" anziehen, daß sie solcher Erfahrungen und Ereignisse wert sind. Ihre neue gedankliche Einstellung bewirkt in ihnen, Gelegenheiten und offene Türen zu sehen, wo zuvor nur geschlossene Türen sichtbar waren.

Wende diese Methode an, um Ordnung in Dein Leben zu bringen. Gib nicht Unglück und Karma oder der Unwissenheit anderer Menschen die Schuld. Als ersten Schritt in die Richtung, Ordnung in unsere Umgebung zu bringen, mußt Du die Tatsache akzeptieren, daß wir alle allein für das, was wir erfahren, verantwortlich sind. Denke an die Freiheit, die Du dadurch erhältst. Niemals wieder sind wir auf Gnade und Barmherzigkeit anderer ausgeliefert. Nie wieder müssen wir beklagen, daß Umstände die Ursache unserer Begrenzung einerseits oder unseres freien Ausdrucks andererseits sind.

Wende diese Methode an, um Geistigkeit zu erlangen

Ist Dein Hauptziel Erleuchtung? Ich hoffe es. Dann wende diese Methode an, um Dich selbst als erleuchtet zu sehen. Oder wende diese Methode an, um Dir innerlich einen Freund vorzustellen, dem Du vertraust, und der Dir von seiner Freude erzählt, Deinen schnellen geistigen Fortschritt zu sehen. Dann warte, was geschieht. Du wirst zu den richtigen Büchern geführt, zu den richtigen Menschen, zur richtigen Lehre. Du wirst feststellen, daß Finsternis aus Deinem Gemüt verschwindet und ein neuer Lebenssinn sich entwickelt. Du wirst feststellen, daß Deine Intuition erwacht und wunderbare Einsichten Dein Bewußtsein durchfluten. Mit einer Änderung Deiner Selbstbetrachtung wird eine Änderung Deiner gesamten Lebenserfahrung eintreten.

Im Laufe der Jahre habe ich Hunderte von Menschen auf dem geistigen Pfad kennengelernt und eines festgestellt: Die Menschen, die schnelle geistige Fortschritte machten, waren diejenigen, die davon überzeugt waren, daß sie es wert sind! Die Menschen, die keinen geistigen Fortschritt machten, waren diejenigen, die nie glaubten, eine reale Chance zu haben, oder die meinten, sie wären nicht „bereit" für die Erleuchtung.

Das läuft auf folgendes hinaus: Unser Erfolg in allem Tun hängt davon ab, ob wir den Willen haben zu gewinnen oder nicht. Ein

„Gewinner" wird mit allem Erfolg haben, was er in die Hand nimmt. Ein „Verlierer" scheint niemals Erfolg zu haben, ob er sich um die Dinge dieser Welt oder um geistige Entfaltung bemüht.

Eine Änderung der Einstellung ist nötig und die Bereitschaft, die alten Gleise zu verlassen und die alten Gedanken und Gefühle abzulegen. Du kannst keine neuen Erfahrungen machen, wenn Du der gleiche Mensch geblieben bist. Wie innen, so außen. Es muß eine innere Wandlung erfolgen, ehe die äußeren Bilder sie widerspiegeln.

Gehe bei der Anwendung der Methode schöpferischer Imagination unpersönlich vor. Sieh und fühle Dich bereits in der Realität Deines Traumes, und lasse die richtigen Menschen und richtigen Situationen als Teil des Gesamtbildes hervortreten. Stelle Dir nicht vor, daß bestimmte Menschen bestimmte Dinge tun. Das ist Hexerei, auch wenn es möglich ist, es zu tun. Wisse in Deinem Bewußtsein, daß wenn Du unpersönlich wirkst, sich Dein Traum erfüllt, und alle, mit denen Du verbunden bist, ebenfalls gesegnet sein werden. Um diese Technik besser zu verstehen, lies mein Buch "Schöpferische Imagination".

Beginne dann mit kleinen Dingen, mit Dingen, die Du leicht als wahr glauben kannst, bis Du Erfahrung damit gewinnst und Selbstvertrauen entwickelst. Dann werden sich die Tore weit öffnen, und es gibt niemals mehr etwas, das Dich begrenzt.

● ● ●

„Sollte etwas erforderlich sein, das ich meiner Lebenserfahrung wegen ausführen sollte, akzeptiere ich die Handlung und weiß, daß ich innere Führung erhalte und zu vernünftigem Tun bewogen werde. Deshalb fühle ich mich wohl und bin immer selbstsicher. Ich lebe im Vertrauen und baue nicht auf die Erscheinungswelt. Ich weiß, daß die göttliche Intelligenz gerade jetzt wohlwollend durch mich wirkt."

9

Das Tor zu den inneren Welten

Um ein wahrhaft geistiges Leben zu leben, müssen wir lernen, durch das Tor zu den inneren Welten zu schreiten. Wir müssen lernen, innerlich unseres wahren Wesens gewahr zu werden und von diesem Gewahrsein aus zu wirken, anstatt von den bewußten und unterbewußten Ebenen des Gemüts.

Wenn wir nicht die große Kraft in uns spüren, werden wir nur einen Bruchteil der Kraft nutzen, die wir zur Verfügung haben. Die Seele, die individualisierter Geist ist, gleicht einer Welle auf dem Ozean des kosmischen Bewußtseins. Die Welle hat alle Kraft des Ozeans hinter sich, da sie ein äußerer Ausdruck des Ozeans ist. So hat auch die Seele alle Kraft des Geistes hinter sich, da die Seele äußerer Ausdruck des Geistes ist.

Das Gefühl des Getrenntseins ist die Ursache aller Begrenzung

Der Mensch fühlt sich deshalb begrenzt, weil er sich vom Leben getrennt fühlt. Das ist das große Geheimnis. Seit Inkarnationen bemühen sich die Menschen, Vereinigung mit Gott zu erreichen. Das ist nicht erforderlich, da die Seele bereits eine Manifestation Gottes ist. Alles, was für die Seele erforderlich ist, ist das Gefühl des Getrenntseins zu löschen, welches der Grund für das Ego ist.

Selbstdisziplin spielt hier eine Rolle. Von jetzt an denken wir nicht mehr in der Richtung, von Gott getrennt zu sein. Wir beten nicht mehr in der Weise zu Gott, als wäre Gott ein anderes Wesen mit der Macht, Segnungen zu geben oder zu verweigern. In dem Grade, wie wir unser bewußtes Gemüt entspannen und unser grundsätzliches Gotteswesen akzeptieren können, in diesem Grade kann die volle Kraft des Geistes über unser Leben herrschen. Unsere Einstellung sollte sein: „Ich selbst kann nichts tun, aber der als ich manifestierte Geist bewirkt seinen Willen zum Guten in dieser Welt".

Es gibt sieben Stufen der Seelenentfaltung, und die vierte Stufe ist die, auf der die Seele zu dem über das Gemüt hinausragenden Bereich erwacht und intuitiv ihr eigenes Wesen als eine Seele erkennt. Auf der ersten Stufe des materiellen Bewußtseins ist die Seele sinngebunden und lebt in einer engen Welt der Begrenzung. Auf der zweiten Stufe erwacht die Seele zum teilweisen Verstehen der Wirkungsweise des Gemüts und wird der subtilen Kräfte der Natur bewußt. Hier beginnt der Mensch, geistige Dinge zu erforschen, und sehnt sich danach, mehr von der Wahrheit zu wissen. Auf der dritten Stufe finden wir unsere ausgezeichneten Metaphysiker und Geisteswissenschaftler, die objektiv ihren Verstand dazu einsetzen können, Bedingungen der äußeren Welt zu verändern. Allzuhäufig wirkt jedoch ein Mensch auf dieser Stufe noch so, als wäre er eine selbständige Einheit des Lebens in dem Ozean des Geistes.

Häufig arbeitet er nur für den persönlichen Gewinn, um unterbewußte Wünsche zu befriedigen oder um das Gefühl inneren Mangels auszugleichen. Ungeachtet dessen, wie tüchtig wir in der Anwendung der metaphysischen Prinzipien werden, wenn wir nicht geistorientiert sind, leben wir nur ein halbes Leben und werden niemals wahre Erfüllung kennenlernen. Das Verstehen der metaphysischen Prinzipien und ihre Anwendung ist ein Schritt unserer Entfaltung, aber nur ein Schritt, der erreicht und überwunden werden sollte.

Zwei Schlüssel zum Erfolg

Du kennst bereits die Gesetze des geistigen Lebens. Du weißt auch, wie man die Intuition richtig anwendet. Nun, die zwei Schlüssel, um erfolgreich durch das Tor zu den inneren Welten zu gehen, sind Meditation und richtige gedankliche Einstellung.

Richtig geübte Meditation läßt Dich Deines wahren Wesens gewahr werden und Deine Beziehung zum Ozean des Geistes, von welchem Du ein Ausdruck bist. Wenn Du diese Wahrheit klar erkennst, kannst Du nach der Meditation mit der Einstellung in Deiner Welt fortschreiten, daß sich das Unendliche immer durch Dich und als Du ausdrückt.

So wirst Du Deinen Platz in diesem Leben finden und innere Führung in all Deinem Tun erhalten. Du wirst feststellen, daß sich die große Macht und Intelligenz des Universums voll durch Dich ausdrückt. Du wirst zielbewußter, denkst klarer, genießt größere Gesundheit und bessere Beziehungen zu Deinen Familienmitgliedern, Deinen Freunden und Mitmenschen. Du wirst feststellen, daß sich Geist durch Dich als Manifestation in dieser Welt ausgießt. Du wirst Deinen Teil dazu beitragen, das Himmelreich auf Erden einzurichten.

So muß der Himmel in dieser Welt manifestiert werden. So wie wir den größeren Ausdruck des Geistes sehen, wird das Massenbewußtsein geklärt und die Menschheit als Ganzes geistig erhoben. Das ist der göttliche Plan, daß alle Seelen schließlich erweckt und gottbewußt werden.

So meditiere regelmäßig, bis Du Dein Gefühl des Getrenntseins von Gott verlierst. Werde des Wesens gewahr. Du bist *Das*. Du kennst das ewige Leben. Das ist Wirklichkeit.

Benütze dann Deine Sinne und wirke in der Welt als gottbewußtes Wesen. Es bedarf keiner äußeren Bemühung, um geistiger zu werden. Natürlich wirst Du Ordnung in Dein Leben bringen und in allen Dingen vernünftig sein wollen. Aber mehr noch, erfülle Deine Pflichten in der Welt mit der richtigen Einstellung, und Du wirst ungeahnte Kräfte finden.

Wahre Entsagung

In der Bhagavad-Gita informierte Krishna Arjuna: „Nahe der Entsagung ist einer, der für immer die Überzeugung aufgibt, von Gott getrennt zu sein, und daß es irgendetwas in dieser Welt gäbe, das nicht von Gott sei." Ein solcher Mensch sieht: „Alle Dinge wurden von *Ihm* geschaffen, und ohne *Ihn* wurde nichts geschaffen, das geschaffen wurde".

Ein Mensch kann innerhalb aller Stufen der Gesellschaft wirken und dennoch ein Entsagender sein. Er kann Fabrikarbeiter, Taxifahrer, Lehrer, Verkäufer oder Geschäftsmann sein. Solange er mit dem Gedanken arbeitet, einen Dienst zu leisten und seine Arbeit als einen Ausdruck sieht, durch den das Göttliche sich selbst erfüllt, ist er frei. Das ist das Geheimnis. Es gibt Menschen mit großen Verantwortlichkeiten, die mit der richtigen Einstellung arbeiten und die so wahre Entsagende sind. Während es andererseits Menschen ohne Eigentum und mit wenig Verantwortlichkeiten gibt, die innerliche Erfahrungen und Fähigkeiten erbitten, weil sie geistig blind sind. Der Umfang unserer Tätigkeit in dieser Welt ist kein Zeichen innerer Freiheit. Unsere Einstellung allein ist der entscheidende Faktor.

Ein geistig Freier ist weder von äußerer Sicherheit noch von innerer Ruhe abhängig. Er sieht alle Dinge als Ausdruck des *Einen* in unendlicher Vielfalt. Er ist nie mehr getäuscht. Er grämt sich nicht, fürchtet sich nicht, er reißt nichts an sich und lenkt andere nicht eigennützig. Er erfüllt seine Pflichten in dieser Welt als eine gottbewußte Seele und ist ein Segen für die Welt.

Solch ein Mensch wirkt, wie Gott wirkt: Allumfassend mit voller Verantwortung, jedoch mit der inneren Einstellung und Erkenntnis der transzendentalen Natur des Geistes hinter aller äußeren Manifestation.

Vorschläge

Es ist nicht das Leichteste in der Welt, von der mentalen zur geistigen oder intuitiven Ebene fortzuschreiten. Während wir dies tun, bewegen wir uns tatsächlich vom Gesetz zur Gnade. Von der Stufe, Handlungen einzuleiten, zu der Stufe, Handlungen aus dem Inneren entstehen zu lassen. Dies erfordert die Einstellung, nach innen zu hören, so daß wir bei allem Tun intuitiv geleitet sind. Mit innerer Führung können wir dann die Gesetze des Gemüts anwenden, um in all unserem Tun wirksam zu sein. „Nicht mein, sondern Dein Wille" ist das Geheimnis. Während wir auf diese Weise handeln, werden wir größere Erfüllung als je zuvor feststellen. Wir müssen uns nichts versagen und nicht mittellos bleiben, wir müssen lediglich zur Erkenntnis unseres wahren Wesens erwachen und alles vorfinden. Einige Menschen befürchten, Freude im Leben zu verlieren, wenn sie persönliche Wünsche aufgeben. Aber das Gegenteil ist wahr: Sich über die begrenzenden Konzepte des Gemüts und die flachen Impulse des Unterbewußtseins zu erheben, bringt uns in den Bereich überweltlicher Wunder und kosmischer Vision.

Diesen Schritt jedoch muß jeder allein gehen. Niemand kann ihn für uns tun, und niemand kann uns dabei begleiten. Es ist wahrhaftig eine innere Angelegenheit. Wir werden natürlich unterwegs Freunde treffen, die den Übergang schon gemacht haben, jedoch von jetzt an leben wir unser Leben in der Erkenntnis, wer wir sind, und in Beziehung zu unserem höheren Selbst. Es wird Dir nützen, Dich zu erinnern, daß dieser Schritt im Bewußtsein letztlich getan werden muß — also, warum ihn nicht gleich tun? Seit Inkarnationen hast Du gesucht, vielleicht stolpernd, vielleicht mit gelegentlichen Erweckungen. Jetzt ist die Zeit für den endgültigen Schritt gekommen, der alle Gefühle der Begrenzung für immer vertreiben und Dich befähigen wird, Deinen Platz unter den Göttern einzunehmen.

Der Test der Erlangung

Du wirst wissen, wann Du angekommen bist, wenn Du Deine Einstellung zum Leben prüfst. Wenn Du Dich durch das Tor zu dem inneren Reiche Gottes bewegt, wirst Du Dich in der Welt der Ursachen befinden, von der aus die Welt durch die Sinne lediglich als eine Reflexion wahrgenommen wird. Du wirst nie mehr in Richtung des Nehmens denken — „denn alles, was der Vater hat, ist Dein". Es wird keinen Gedanken des Mangels oder der Begrenzung mehr geben. Ist Geist nicht überall? Gibt es irgendwelche Mängel oder Begrenzungen, irgendein Anwachsen oder Vermindern im Geist? Das gibt es nicht. Kann denn Geist, der sich durch Dich ausdrückt, sich nicht selbst gesund erhalten, gedeihen und richtig handeln? Er kann!

Doch was willst Du jetzt tun, da das Kämpfen vorüber ist? Jetzt, nachdem Du Dich in die richtige Erkenntnis begeben hast? Du wirst nur noch Lösungen anstelle von Problemen sehen und Du wirst helfen, die Welt zu erleuchten. Du wirst anderen aufbauenden Dienst erweisen und alle Menschen als geistige Wesen ansehen, die sie wirklich sind. Du wirst dienen. Das ist das Zeichen desjenigen, der erleuchtet ist. Nachdem er die höchste Vision erlangt hat, arbeitet er zum Wohle der Menschheit. Es gibt nichts anderes, wofür es sich zu arbeiten lohnt.

Während die Zeit fortschreitet, wirst Du feststellen, daß die Tiefe der Verwirklichung nicht endet. Du wirst fortschreiten von Herrlichkeit zu Herrlichkeit. Du wirst anderen Vorbild sein dafür, was geistiges Leben wirklich ist. Du wirst wissen, daß Du, ja Du „der Weg, die Wahrheit und das Leben" bist.

● ● ●

„An diesem Tag entspanne ich das bewußte Gemüt und gebe alle Konzepte, Wünsche, persönlichen Träume und nichtigen Vorstellungen frei. Ich entlasse alle Gefühle der Schuld, der Reue, des Grolls und der Voreingenommenheit. Ich überschreite das Gemüt und gelange zur klaren Erkenntnis meines geistigen Wesens als ein Ausdruck des Lebens. Wie die Welle auf dem Ozean, so bin ich in der unendlichen Realität des Geistes."

54

10

Das Gesetz des Gemüts

Jeder Wahrheitssuchende sollte die Natur des Gemüts vollständig verstehen und wissen, wie sie am wirksamsten zu nutzen ist. So laßt uns das Gemüt erforschen, die Gesetzmäßigkeit, die das Gemüt bestimmt, und wie sie zu nutzen ist.

Das Gemüt – Ein magnetisches Feld

Im gesamten Universum existiert ein magnetisches Feld, das wir hier als das universale Gemüt bezeichnen. Dieses universale Gemüt ist das schöpferische Medium, durch welches der Geist in der Lage ist, alle geschöpften Formen zu manifestieren. Deshalb ist das universale Gemüt nicht Geist. Geist ist die transzendentale Wirklichkeit jenseits der Dualität, in der es keine Bedingtheiten gibt. Er ist selbstvollkommen und für immer in Ruhe. Jedoch während der Ausdehnung als universales Gemüt manifestiert er sich, um als Schöpfung zu erscheinen.

So wie wir als Seelen Individualisationen des Geistes sind, so sind unsere Gemüter Individualisationen des universalen Gemüts. Für uns ist das Gemüt ein schöpferisches Medium, welches uns ermöglicht, in dieser Welt zu wirken. Wir sind im Einklang mit dem universalen Gemüt, weil unser Gemüt und das universale Gemüt ein und dasselbe ist mit der Ausnahme, daß unser Gemüt individualisiert ist.

Verschiedene Stufen der Abhängigkeit von Bedingungen

Die bewußte Stufe des Gemüts ist die Stufe, auf der wir wach sind und unsere Umgebung wahrnehmen. Durch diese Ebene denken wir, beobachten wir, schätzen wir ab, ziehen wir Schlußfolgerungen und treffen Entscheidungen. Die unterbewußte Ebene des Gemüts ist das Lagerhaus der Eindrücke, in dem wir unsere Informationen und Erinnerungen der Erfahrungen aufeinander ablegen. Die überbewußte Ebene ist die Ebene des klaren, unbedingten Gemüts, und wenn wir uns mit ihr identifizieren, können wir klar die Realität des Geistes erkennen, sogar während wir in unserem Körper verweilen.

Durch die überbewußte Ebene des Gemüts fließt die Inspiration aus
der Seele, die alles wissen kann, was es zu wissen gibt.

Schöpferische Nutzung des Gemüts

Wir können in das Gemüt, in dieses Magnetfeld, Bilder hineingeben,
die, wenn sie nicht neutralilsiert oder umgewandelt werden, sich in
unserer Umgebung als Erfahrung oder Ereignisse manifestieren. So
arbeitet das Gemüt. Welche Bilder auch immer im Gemüt beibehalten
werden, dadurch, daß das menschliche Gemüt auf das universale
Gemüt eingestimmt ist, wird die Substanz des universalen Gemüts
veranlaßt, die Bilder entsprechend zu formen.

Nun, tatsächlich erschaffen wir niemals irgendetwas. Aber wir können
durch kluges Nutzen des Gemüts die Substanz dieser Welt unseren
Wünschen entsprechend formen. Mit diesem Verständnis gewinnen wir
Herrschaft über unser Leben. Und natürlich müssen wir immer zuerst
innere Führung erhalten, bevor wir das Gemüt nutzen, um die Welt
stets in der richtigen Weise zu gestalten.

Ich bin sicher, wenn Du Deine eigenen Gedanken und Deine ständige
mentale Einstellung überprüfst, wirst Du Verbindung zwischen
Deinen Gedanken und Deiner Einstellung in ihrer Beziehung zum
allgemeinen Ablauf Deiner Erfahrungen bemerken. Tatsächlich ist die
äußere Welt nur eine Reflexion der inneren Überzeugungen und
Einstellungen. Wenn wir in diesem Moment nicht davon überzeugt
sind, daß unsere Welt harmonisch und gesetzmäßig eingerichtet ist,
müssen wir lediglich unsere Überzeugung ändern, um eine Umwandlung festzustellen.

Für den Durchschnittsmenschen ist es am Anfang sehr schwierig, seine
Überzeugung aufzugeben, daß äußere Erscheinungen endgültig und
unmöglich zu ändern sind. Bei schöpferischer Nutzung des Gemüts
müssen wir den Widerstand gegen äußere Bedingungen aufgeben und
sie völlig negieren. Nur wenn wir unerwünschte Bedingungen und
Situationen aufgeben und freilassen und stattdessen innerlich sehen
und glauben, was wirklich und wünschenswert ist, kann eine
Veränderung stattfinden. Unsere inneren Vorstellungen sind Ursache,
die äußeren Geschehnisse sind Effekt. Das ist das Gesetz — wie innen,
so außen.

Selbstdisziplin ist außerordentlich wichtig. Wir dürfen uns nicht selbst hypnotisieren in dem Glauben: „Dinge seien unmöglich zu verändern". Unsere Einstellung sollte sein: „Alle Dinge sind möglich".

Es beginnt jedoch mit dem Vorstellungsbild, das wir von uns selbst haben. Wenn wir uns selbst für fähig und des Besten würdig erachten, sind wir in der Lage, unser Leben in die Hand zu nehmen. Mit anderen Worten: Wenn wir uns als schwach und der Erfüllung unwürdig betrachten, werden wir unterbewußt Bedingungen schaffen, die sich im äußeren Lebensbereich als Problem widerspiegeln.

Was denkst Du von Dir selbst?

Alles geht von unserem Bewußtseinszustand aus. Das, was wir als wahr für uns selbst annehmen, ist das Gesetz unseres Lebens. Es ist so einfach und grundlegend. Fühlst Du Dich schuldig und erwartest Du deshalb Strafe? Bist Du von Schmerz und Groll erfüllt? Glaubst Du, daß andere gegen Dich arbeiten? Glaubst Du, daß Erleiden Dich geistiger werden läßt? Glaubst Du, daß Du Dein Karma ausarbeiten mußt? Deine Meinung über Dich selbst macht den ganzen Unterschied hinsichtlich der Fähigkeit, die Gesetze des Gemüts schöpferisch anzuwenden.

Du weißt, daß Du meditieren solltest, um zur Erkenntnis Deines göttlichen Wesens zu gelangen. Das göttliche Wesen ist der Segnungen des Lebens wert, und ein göttliches Instrument sollte ein klares Instrument sein, durch das und als das der Geist seinen Zweck in dieser Welt erfüllt. Lerne, von diesem richtigen Blickpunkt aus zu handeln. Das ist nicht nur Deine Chance, sondern sogar Deine Verantwortung.

Die Welt ist voller Wahrheitssuchender, die noch immer mit Erscheinungen ringen, mit Problemen und unerwünschten Zuständen. Und es gibt keine wirkliche Entschuldigung dafür. Beschließe jetzt, Ordnung in Dein Leben zu bringen. Sei der Mensch, zu dem Du bestimmt bist, indem Du Dein Gemüt klug und schöpferisch nutzest.

Du bist des Besten würdig

Wenn wir in dieser Welt wirksam handeln wollen, sollten wir es fertig bringen, unsere Fähigkeiten ohne Begrenzung voll einzusetzen. Wir sollten fähig sein, mit unseren Mitmenschen gut auszukommen. Wir sollten die Substanz dieser Welt vernünftig nutzen können, damit wir angemessen wohnen, über gute Beförderungsmittel, über Geld oder was wir sonst benötigen, in Fülle verfügen und uns dadurch frei ausdrücken können.

Wir sind nicht dazu bestimmt, in Fesseln zu leben. Wir sind dazu bestimmt, frei zu sein. Nur wenn wir frei sind, können wir schöpferisch für das Wohl der Welt wirken. Ist ein göttliches Wesen begrenzt? Solltest Du begrenzt sein? Du weißt, daß alle Handlungen uneigennützig sein sollten. Wir dürfen unser Gemüt nicht dazu mißbrauchen, andere Menschen zu beherrschen oder sie zu übervorteilen. Wir sollten es nutzen, um Ordnung und Harmonie auf der Bildfläche erscheinen zu lassen.

Es gibt keine Begrenzung dessen, was das universale Gemüt aufgrund unseres korrekten Denkens und Glaubens tun kann. Das universale Gemüt hat keinen Plan darüber, was es als notwendige Dinge dieser Welt formen sollte, es sei denn, die Menschen denken entsprechend. Du bist verantwortlich dafür, was in der Welt erscheint, soweit es die Bedürfnisse der Menschen betrifft.

Wenn Du an Wohlergehen zu glauben beginnst (indem Du die entsprechenden Vorstellungsbilder beibehältst) wirst Du schöpferische Ideen bekommen, Deinen richtigen Platz im Leben finden und schließlich das Geld und alle notwendigen Dinge in Deinem Lebensbereich anziehen. Denke nicht nur in Richtung Geld, wenn Du beginnst, die Einstellung des Wohlergehens beizubehalten. Sieh Dich im Besitz aller Dinge, die zum freien Ausdruck nötig sind. Dann halte Deine Augen für Gelegenheiten offen. Lerne eine Erwartungshaltung beizubehalten — die sich im Gleichgewicht zu Deiner Annahmefähigkeit befindet. Erwarte, daß Deine Segnungen strömen, und sei fähig, sie in Gnade anzunehmen.

Wenn Du an Gesundheit zu glauben beginnst, wirst Du geleitet, die richtige Nahrung zu Dir zu nehmen, für richtige Bewegung zu sorgen und Spannungen zu lösen, so daß die schöpferischen Kräfte fließen und alle notwendigen Veränderungen zur Manifestation bringen können.

Wenn Du beginnst, richtige zwischenmenschliche Beziehungen aufzunehmen, wirst Du über die Persönlichkeitsstufe hinauswachsen und
Menschen freigeben, die nicht mit Dir im Einklang sind, und wirst
stattdessen Menschen anziehen, mit denen Du wirkungsvoll arbeiten
kannst.

Dein Gemüt und das Universale Gemüt

Wenn Du auf das universale Gemüt eingestimmt bist, wird jedes Bild,
das Du in Deiner Vorstellung beibehältst, von ihm — dem universalen
Gemüt — für den erforderlichen äußeren Ausdruck angezogen. In dem
Augenblick, in dem Du ein Bild von dem beibehältst, was Du zu
erfahren wünschst, in genau diesem Augenblick werden die entsprechenden Menschen und die passenden Umstände beginnen, sich auf
Dich zuzubewegen, um Dein Bild zu erfüllen.

Das richtige Verständnis dieses grundlegenden Gesetzes wird in uns
die Erkenntnis des kosmischen Bewußtseins erwecken.

Der Mensch ist das Instrument, durch das der göttliche Wille sich
ausdrückt. Wenn wir mit dem Leben übereinstimmen und intuitiv in
allem, was wir tun, geleitet sind, werden wir automatisch das Gemüt
richtig nutzen, ohne schmerzhafte und begrenzende Situationen
hervorzurufen. Nur blinder Gebrauch des Gemüts verursacht Schmerz.
Vernünftiger Gebrauch bringt Glück und Erfüllung.

Es wird gut für Dich sein, das Buch "Wie Sie die Technik der
Schöpferischen Imagination anwenden können, um Ihre Träume zu
verwirklichen" zu studieren, um noch tieferes Verständnis für die hier
dargestellten Prinzipien zu erlangen.

● ● ●

**„Heute mache ich vernünftigen Gebrauch von meinem Gemüt, da ich
weiß, daß es eine Individualisation des universalen Gemüts ist. Nachdem
ich innere Führung erhalten habe, denke ich klar, glaube, was gut und
wahr ist, und richte keine Aufmerksamkeit auf verwirrende äußere
Erscheinungen. Auf diese Weise fließt universale Intelligenz durch mich,
um sich auszudrücken und um die Welt zu segnen."**

11

Wie man wirksam betet

„Gibt es einen Weg", fragst Du, „wirksam zu beten?" Es gibt einen. Und wir werden in dieser Lektion die Kunst des Betens untersuchen.

Millionen beten auf's Geratewohl. Für sie ist Beten eine Routine. Etwas, was sie tun „sollten", oder eine Übung, die von ihnen als Wahrheitssuchende „erwartet" wird. Oder sie „ehren etwas, das sie nicht kennen".

Beten ist eine systematische Methode, das Gemüt und die Aufmerksamkeit zu kontrollieren sowie die richtige innere Bedingung zu schaffen, die zur gewünschten äußeren Auswirkung führt. Wirksames Beten hängt von unserer Fähigkeit ab, unsere Einstellungen und Überzeugungen zu ändern. Das ist das Geheimnis wirksamen Betens.

Systematisches Beten hat nichts mit dem Versuch zu tun, Gott zu überzeugen, er müsse eine Ausnahme machen, Gesetze ändern oder irgendetwas für uns bewirken. In einer solchen Weise beten, heißt abergläubisch sein. Und Aberglauben muß dem erleuchteten Verständnis weichen, wenn wir mit den universalen Gesetzen frei wirken wollen.

Das Gesetz des mentalen Gegenwertes

Du hast bereits das Gesetz des mentalen Gegenwertes gelernt. Dieses Gesetz ist der maßgebende Faktor unseres Lebens. Was immer wir für wahr halten, tendiert dahin, sich in unseren persönlichen Erfahrungen zu verwirklichen. Wenn wir beten, ändern wir tatsächlich unsere Einstellung und unseren Glauben. Wir entfernen uns von dem Glauben und der Überzeugung des Mangels und nähern uns dem Glauben und der Überzeugung des „Habens". Alles, worum wir auch immer beten, in dem Glauben es zu haben, wird es sich ohne Ausnahme manifestieren. Kannst Du das akzeptieren?

In der 8. Lektion erlerntest Du die Technik der schöpferischen Imagination, die Methode, die alle Dinge möglich macht. Sie ist tatsächlich das bestmögliche systematische Beten. Es wird der Tag kommen, an dem wir uns keine Zeit mehr zu nehmen brauchen, die Methode anzuwenden, einfach weil wir „wissen", daß was immer wir für uns als wirklich wünschen, so gut wie getan ist. Wenn wir beten, bitten wir nicht um einen Gefallen, wir müssen unseren Blickpunkt ändern und dann in diesem neuen Blickpunkt leben. So lies die 8. Lektion noch einmal und betrachte sie als Teil dieser Lektion.

Es ist außerordentlich wichtig, unsere „Selbstbetrachtung" zu ändern. Vor kurzem besuchte ich die kleine Kirche in Ohio, in die ich als Junge gewöhnlich ging. Diese Kirche ist eine der üblichen Kirchen mit viel Gefühl; Gemeinschaft und Ehrungen nehmen den Hauptteil des Sonntagmorgen-Gottesdienstes ein. Ich sah Menschen nach beinahe 20 Jahren, die immer noch durch die gleichen Gemütsbewegungen gingen. Sie waren religiös, sie hatten jedoch nichts an tieferer Einsicht nach all diesen Jahren ernsthafter und gebetsreicher Bemühungen gewonnen. Solange wir aufgrund vergangener Erziehung und Erfahrung das Bild von uns beibehalten, Sünder, unwürdige Suchende oder begrenzt zu sein, solange werden unsere Gebetsbemühungen nicht belohnt.

Wir beten entsprechend unserem Verstehen

Menschen auf der ersten Stufe der seelischen Entfaltung, der Stufe des materiellen Bewußtseins, beten ohne wissendes Verstehen. Sie bitten blind einen Gott, den sie nicht begreifen. Diejenigen auf der zweiten Stufe neigen auch dazu, oder sie beten zu verstorbenen Verwandten oder zu „unsichtbaren" Heiligen und Meistern. Sie meinen, daß ein Mensch, der heimgegangen ist, als ein Mittler zwischen ihnen und Gott handeln könne. Sie geben sich mit der Idee zufrieden, daß sie mit einer Art mentaler Telepathie eine Seele erreichen können, die erleuchteter ist und für sie Dinge erledigen oder auf das Gesetz Einfluß nehmen kann. Auf der dritten Stufe, auf der wir die geschulten Metaphysiker oder Studenten der mentalen Wissenschaft finden, wendet der Mensch die Gesetze des mentalen Gegenwertes oder die Technik der schöpferischen Imagination an. Über diesen Stufen hinaus läßt der Mensch zu allen Zeiten „Gottes Willen geschehen", zufrieden in der Erkenntnis, daß der Geist das Beste in allen Dingen kennt. Über diesen Stufen hinaus erwacht der Mensch und weiß, daß es ihm an nichts mangelt, und deshalb gibt es nichts mehr, wofür er betet. Er steht in der Erkenntnis des Himmels, wo alles bereitgestellt ist. Er weiß, daß „alles", was der Vater hat, ihm gehört.

Wie lange sollten wir beten?

Wir können in dieser Beziehung von unseren orthodoxen Brüdern lernen. Wir sollten solange beten, bis wir eine Brücke über die Lücke zwischen Unglauben und Glauben geschlagen haben, bis wir ein Gefühl von Befreiung und Erfüllung empfinden. Dann sollten wir mit dieser neuen Überzeugung fortschreiten und aus unserer neuen Sicht „sehen", was wahr ist, und „fühlen", was wahr ist, trotz allem, was sich uns durch die Sinne offenbart. Das bedeutet, im Vertrauen zu leben. Nachdem wir innerlich diese neue und gewünschte Bedingung erkannt haben, sollten wir denken, fühlen und handeln, als ob sie bereits zuträfe, ohne auf äußere Erscheinungen zu reagieren. Bekanntlich sind äußere Erscheinungen nur Spiegelungen der Vorstellungsbilder, nicht wahr? Werden wir deshalb nun in dem Bewußtsein der Erfüllung oder in dem Bewußtsein des Mangels und der Begrenzung leben? Das ist die Frage, und sie muß beantwortet werden. Wie wirst Du antworten?

Wir sind nicht getrennt von Gott. Unsere Überzeugung, wir seien getrennt, ist die Ursache aller unserer Probleme und unseres Mißgeschicks. Wenn wir glauben, wir seien von Gott getrennt, beten wir in einer flehenden Weise. Wenn wir wissen, daß wir Gott in dieser Welt ausdrücken, nehmen wir unseren rechtmäßigen Besitz als Kinder Gottes in Anspruch — als Söhne und Töchter Gottes! Lies das neue Testament und gewinne Einsicht in diesen Blickpunkt.

Sollten wir um Dinge beten?

Wenn wir von dem Gefühl des Mangels in unserem Leben bedrückt sind, neigen wir dazu, um spezielle Dinge oder Situationen zu beten. Tatsächlich sollten wir um Selbstverwirklichung beten in der Gewißheit, daß in dem Maße, in dem wir unser wahres Wesen erkennen „uns alle anderen Dinge zufallen". Wir brauchen daher nicht für bestimmte Dinge zu beten. Nicht, wenn wir auf dem geistigen Pfad sind. Wahrscheinlich beten wir für etwas, was wir zu wünschen meinen oder was uns unterbewußte Zwänge als wünschenswert oder nötig fühlen lassen. Wenn wir auf dem wahren Pfad sind, sollten wir nur um das *Eine* beten: Selbstverwirklichung.

Wenn wir richtig beten, beten wir mit der Überzeugung, daß wir mit dem Erwachen „das Land besitzen" werden. Wir werden sehen, daß wir bereits alle Güter des Lebens genießen. Nun, dies bedeutet für jeden einen großen Schritt, den er schließlich gehen muß. Es hat keinen Sinn aufzuschieben, was getan werden muß. Unsere Bestimmung ist, zu der Erkenntnis unseres wahren und unseres unsterblichen Wesens zu erwachen — als Gott. Nichts anderes wird befriedigen.

So laßt uns wie Jesus beten: „Und nun verkläre mich du, Vater (absolutes Sein), bei dir selbst mit der Klarheit, die ich bei dir hatte, ehe die Welt war". (Johannes 17: 5) Das ist das höchste und reinste aller Gebete. Diese Art zu beten wird viel Zeit und viele Stunden vollkommener Konzentration erfordern, aber es ist die Gebetsmethode, die zur höchsten Verwirklichung führt. So denke darüber nach und beginne „richtig" zu beten. Beginne so zu beten, wie die großen Meister beten. Nicht um Dinge und nicht nur um äußere Wirkungen, sondern um die Gnade Gottes.

Wie verhält es sich mit Bejahungen?

Vielen Menschen wurde beigebracht, bejahende Gebete anzuwenden. Das heißt, sie beginnen am Anfang verbal oder mental eine Situation oder eine Verständnisstufe zu bejahen, von der sie wünschen, daß sie sich verwirkliche. Bejahende Gebete sind zu vertreten, wenn richtig vorgegangen wird. Wir sollten aber nicht gedanklich eine Änderung unserer unterbewußten Bedingungen bejahen, indem wir vom bewußten Gemüt auf eine unterbewußte Gemütsebene einwirken. Wir wissen nämlich nicht immer auf der bewußten Gemütsebene, was das Beste für uns ist. In göttlicher Ordnung können wir folgende bejahende Gebete anwenden: „Ich erkenne jetzt, daß ich ein Kind Gottes bin, erfüllt von Licht und Kraft" oder „Ich bin Licht und ich bin Leben, ich bin ein unsterbliches Wesen." So beten wir für die richtigen Dinge. Wir beten, um unser wahres Wesen zu erkennen. Das Erkennen unseres wahren Wesens wird sich folgerichtig als Harmonie, Erfüllung, richtiges Handeln, innere Ruhe und Wohlergehen in allen Situationen widerspiegeln. Dabei sollten wir mit einer Bejahung üben, die Wahres über uns aussagt. Dann müssen wir solange kontemplieren, bis die Erkenntnis durch die Schale unseres Bewußtseins bricht. Das ist ein positiver Schritt. Seine Ergebnisse sind außerordentlich ergiebig.

Wenn wir nicht achtsam sind, werden unsere Gebete nur Zauberei sein. Wir versuchen dann, Bedingungen so zu verändern, daß sie uns passen, oder andere Menschen so zu verändern, wie sie unseren Vorstellungen entsprechend sein oder handeln sollten.

Systematisches Beten führt zur Befreiung. Es führt zum Gewahrsein der Freiheit. Wir stellen fest, daß wir im Einklang mit der unendlichen Intelligenz und in Übereinstimmung mit dem kosmischen Plan wirken. Die Ergebnisse systematischen, wirksamen Betens sind wundervoll, befreiend und großartig.

Wenn Du betest, denke daran: Nicht erleuchtete Menschen beten fast ausschließlich um Dinge oder um eine Änderung der Bedingungen. Teilweise erwachte Menschen beten abergläubisch, rufen nach den „Geistern" kürzlich verstorbener Freunde, Verwandten oder nach angeblichen Heiligen. Beinahe erleuchtete Menschen stimmen sich auf die Götter oder die wahrhaft bewußten Seelen ein. Selbstverwirklichte Seelen ruhen in dem Gewahrsein Gottes. Dies sind die verschiedenen Stufen des Verständnisses und die verschiedenen Methoden des Betens.

Wenn Du es wünschst, kannst Du in der höchsten Weise beten, da Du ein göttliches Wesen bist — jetzt. Du bist *das*, nach dem Du seit Inkarnationen suchst. Du bist schon wie Gott — reines Sein, Bewußtsein — Existenz — absolute Freude. Das ist Dein wahres, unwandelbares Wesen.

Habe kein schlechtes Gewissen, wenn Du zu beten aufhörst. Verbringe stattdessen mehr Zeit in tiefem Schweigen, in dem sich die großen Wahrheiten offenbaren. Das ist ein Fortschritt. Das ist der Beweis dafür, daß Du erwachst und Dir dessen bewußt wirst, wer Du wirklich bist. Freue Dich und begrüße es!

• • •

„Heute bete ich das beste und höchste aller Gebete: ‚Und nun verkläre mich du, Vater, bei dir selbst mit der Klarheit, die ich bei dir hatte, ehe die Welt war'. Ich weiß, wenn ich in dieser Weise bete, daß sich Türen der Wahrnehmung öffnen und die Finsternis weichen wird, neue Einsichten gewonnen werden und meine wahre Bestimmung sich klar offenbaren wird."

12

Die Gesetze der Fülle

Hunderte von Büchern und Tausende von Artikeln wurden über die Gesetze der Fülle (des Reichtums) geschrieben. Menschen, die ihre Lebensbedingungen verbessern wollen, haben sie gelesen. Doch wenn wir uns umsehen unter den Unzähligen, die sich mit Metaphysik beschäftigen, sehen wir dann viele erfolgreiche Menschen? Warum nicht? Warum ist es trotz so vieler Erklärungen so schwierig, Wohlergehen in unserem Leben zu verwirklichen?

Nun, wenn ich von Fülle (Reichtum, Wohlergehen) spreche, meine ich nicht ausschließlich Geld. Ich meine eine angemessene Versorgung mit allen Dingen, die für ein erfülltes, reiches Leben notwendig sind.

Die Welt hat alles, was wir für unser Wohlergehen brauchen. Aber nur, wenn wir unsere gedankliche Einstellung richtig ausrichten, und wenn wir lernen, das Notwendige zu erwerben, können wir darüber verfügen. Das ist das Geheimnis: Wir müssen mit der richtigen gedanklichen Einstellung und mit Vernunft die notwendigen Dinge anschaffen und sie klug gebrauchen.

Manchen Menschen gelingt es nicht, sich gedanklich darauf einzustellen, und sich wert zu fühlen, Wohlstand zu haben. Sie spielen das Spiel: „Ich habe nie genug von allem." So entziehen sie sich jeder Verantwortung, lenken die Aufmerksamkeit auf sich und spekulieren auf das Mitgefühl der anderen. Viele Menschen sind seit ihren frühen Kindheitsjahren daran gewöhnt, nur an Mangel und Beschränkung zu denken. Sie sind dazu erzogen worden, zu glauben, das sei ihr „Karma". Aber Bedingungen (Karma) können geändert werden. Niemand zwingt uns, Opfer unterbewußter Verhaltensmodelle zu bleiben.

Was denken wir von uns? Sind wir der Fülle (des Wohlergehens) wert? Sind wir des Glückes wert? Sind wir es wert, geliebt zu sein? Das sind die Fragen, die wir ehrlich beantworten müssen. Also denke ernsthaft über sie nach. Meinen wir: „Geld sei die Wurzel allen Übels?" Dann haben wir wohl die richtige Feststellung vergessen: „Die *Liebe* zum Geld ist die Wurzel allen Übels." Die Liebe (das Verhaftetsein) zu allem Möglichen bedeutet Knechtschaft. Wir können an viele Dinge verhaftet und dementsprechend stark gebunden sein.

Der wahre Ursprung und das Wesen der Dinge

„Alle Dinge wurden von *Ihm* erschaffen, ohne *Ihn* wurde nichts erschaffen, was erschaffen wurde." So ist alle Materie, die wir durch unsere Sinne erblicken, tatsächlich Bewußtsein in der Form, wie wir sie sehen. Nichts ist an sich gut oder böse. Es liegt an uns zu lernen, klugen Gebrauch von den Symbolen und Formen dieser Welt zu machen. Das ist unsere persönliche Verantwortung. Sie wird uns befähigen, uns selbst zu meistern. Die Pflanzen, die wachsen und Früchte tragen, sind gut für unseren Körper. Das Wasser, das wir trinken, die Gegenstände in unserem Haus und die Beförderungsmittel sind alle aus der gleichen Grundsubstanz geformt. Wie wir die Dinge dieser Welt verwenden ist allein ausschlaggebend.

Geld ist ein Tauschmittel. Wir leisten einen Dienst und werden durch Dienste bezahlt — in Einheiten oder D-Mark. Wir tauschen diese Einheiten für das ein, was wir wünschen. So ist Geld eine sinnvolle Einrichtung. Nichts mehr und nichts weniger. Die meisten Menschen arbeiten hart für ihr Geld. Sie tauschen Zeit und Energie für das Geld ein, das sie verdienen. Nun, machst Du weisen Gebrauch von Deinem Geld (Leben) oder verschwendest Du es? Arbeitest Du lediglich, um Deinen Körper zu versorgen, oder gibst Du einen Teil Deines Geldes (Deines Lebens) aus, um die Botschaft der Erleuchtung zu verbreiten, so daß wenigstens ein Teil Deines Lebens für das Wohl der Menschheit gelebt ist?

Die unpersönliche Einstellung

Unsere Segnungen kommen nicht von irgendjemandem. Sie fließen aus dem Leben selbst. So genommen, fließen auf dieser Ebene, auf der Erde, Geld, Dienstleistungen, Produkte usw. durch Menschen zu uns, es sei denn, wir bebauen das Land. Es ist einsichtig, anzuerkennen, daß wir einige der Dienstleistungen nur durch die Anstrengung anderer Menschen erhalten. Das ist ein Grund, warum wir mit allen Menschen gute Beziehungen unterhalten sollten. Nicht, weil wir etwas von ihnen möchten, sondern weil das Unendliche durch uns alle wirkt, um die Bedürfnisse der Menschen zu befriedigen.

Zunächst ist vor allen Dingen die gedankliche Einstellung wichtig. Kannst Du Deine Einstellung so ändern, daß Du innerlich erkennst, daß das Unendliche als die Menschen und als die Dinge dieser Welt erscheint? Kannst Du erkennen, daß Du als Seele, als eine Individualisation des Geistes, sicher sein kannst, mit allem Notwendigen versorgt zu sein, indem Du lediglich die mentalen Blockierungen beseitigst? Wenn Du das erkennst, wird das Unendliche die Dinge in Deinem Leben so einrichten, daß *ES* als Du in Fülle versorgt ist.

Ganz konkret: Welche Art von Dienst leistest Du anderen Menschen? Womit versorgst Du sie? Nimmst Du lediglich vom Leben, oder bist Du schöpferisch engagiert, einen wertvollen Dienst zu leisten? Wenn Du einen Dienst leistest, solltest Du dafür einen Ausgleich erhalten. Ein Mensch, der im Geschäftsleben lediglich Geld macht, ohne daran zu denken, einen lohnenden Dienst zu leisten, wird weder glücklich noch erfüllt sein. Ein Mensch, der einen unerwünschten Dienst leistet, wird versagen. Ein Mensch, der einen nützlichen Dienst leistet, sich jedoch nicht wert fühlt, einen Ausgleich anzunehmen, wird ebenfalls versagen.

Wenn Du in Deinem Leben Fülle möchtest, und Du solltest das wünschen, welchen Dienst kannst Du in Qualität und Quantität leisten? Wie kannst Du am besten ein Instrument sein, durch das Gott die Welt segnen kann?

Wenn Dir klar ist, welchen Dienst Du leisten könntest und solltest, dann erkenne, daß die göttliche Intelligenz, die Dir die Idee eingab, Dir auch den richtigen Weg zeigen wird, wenn Du Dich dabei für die innere Führung offen hältst. Ja, formlose Realität formt sich als diese Welt. Das Gemüt ist der Meister-Gestalter des Rohmaterials. Wir können die von der Natur zur Verfügung gestellten Stoffe annehmen, und wir können alles erschaffen, was unser Gemüt sich vorstellen kann. Und wir sind frei, es zu tun. Wir sollten es tun!

Uneigennützige Arbeit ist die Antwort

Uneigennütziges Arbeiten ist eine feine Sache. Wir sollten uns mit produktiver Arbeit beschäftigen, uns an ihr erfreuen, weil sie gut und richtig ist, und dabei nicht nur an Lohn denken. Wenn wir richtige und nützliche Dienste leisten und uns dabei einer angemessenen Vergütung wert fühlen, werden wir Fülle erleben. Wir werden innere

Ruhe haben, weil wir wissen, daß wir uns an unserem richtigen Platz im Leben befinden. Wir werden glücklich und gesund sein. Wir werden wunderschöne Beziehungen mit anderen Menschen genießen. Jeder Aspekt unseres Lebens wird abgerundet sein.

Es ist nicht falsch, sich Erfolg, Glück, Kreativität und Fülle vorzustellen. Dann jedoch müssen wir uns voll bewußt werden, daß wir das alles bereits haben. Wir müssen unsere Gedanken, Gefühle und Handlungen in Einklang bringen und im Zustand voller Verwirklichung verweilen. Dadurch wird es uns leichtfallen, ein reiches Leben zu verwirklichen. Es wird keine Anstrengung kosten. Zuviel „positives" Denken und zuviele Gebete, zuviel „Bemühen" und innere Arbeit sind ein Zeichen von einem unterbewußten Glauben an Mangel und Begrenzung. Wir müssen uns frei in der Erkenntnis der Fülle bewegen. Das verlangt nach Selbstdisziplin. Das heißt, wir müssen unsere Gedanken und Gefühle überwachen, so daß wir nicht von Mangel und Begrenzung sprechen, denken oder fühlen. Alles positive Denken der Welt wird uns nicht zum Erfolg führen, wenn wir unterbewußt an Begrenzung denken oder sie empfinden. Oder wenn wir versuchen, unsere Begrenzungen zu rechtfertigen, indem wir sagen, sie seien die Folge einer karmischen Bedingung.

Gleichzeitig mit uneigennützigem schöpferischen Tun müssen wir auch unsere Welt in Ordnung halten. Wir sollten lernen, unsere Zeit zu planen, unsere Lebensweise so zu gestalten, daß sich Ordnung und Sinn in allem Tun deutlich zeigt.

Denke daran, daß das großartige unendliche Leben in verschwenderischer Fülle als diese Welt erscheint. Denke auch daran, wie wundervoll es ist, daß der Mensch die Fähigkeiten hat, seine gedankliche Einstellung zu ändern und Erfolg, Erfüllung, richtiges Tun und Wohlergehen zu akzeptieren, indem er lediglich entscheidet, es zu tun! Formlose Gemütssubstanz formt sich ständig als die Dinge dieser Welt. Wie *ES sich formt,* hängt weitgehend von uns ab. Weil die Umgebung, in der wir leben, eine Widerspiegelung unserer Vorstellungsbilder ist, sehen wir, wie wichtig es ist, immer die richtigen Gedanken und Überzeugungen beizubehalten.

Der Mensch ist der Körper Gottes auf Erden. Durch den Menschen kann sich der unendliche Wille ausdrücken. Ohne die Menschen würde die Welt auch existieren; es würde jedoch keine Zivilisation geben. Während wir hier sind, haben wir die Macht, die Welt ordentlich zu gestalten und Bedingungen zu schaffen, die das Leben erleichtern, uns mehr freie Zeit lassen, die höheren Dinge des Lebens zu verfolgen. An uns liegt es, eine wünschenswerte Umgebung zu schaffen für jene, die nach uns in diese Welt kommen. Welch eine großartige Gelegenheit! Und was für ein Jammer, wenn wir sie verpassen.

Denke daran, wir sind nicht in dieser Welt, um lediglich „über die Runden zu kommen". Wir sind hier, um Selbstverwirklichung zu erlangen und Gottes Willen zu tun. Je größer unsere Fähigkeit, desto mehr Gutes können wir tun. Je klüger und besonnener wir die Substanz der Welt gestalten können, desto schneller kann Gott durch uns eine lohnende Zivilisation schaffen. Je leichter es uns fällt, in dem Bewußtsein der Fülle zu leben, desto mehr Zeit haben wir für Unterweisung und Erweckung anderer. Wir sind nicht hier, um lediglich den Körper zu ernähren und zu kleiden. Wir sind hier, damit das Unendliche durch uns verherrlicht sein möge. Laßt uns deshalb für die Fülle danken, die wir bereits haben. Laßt uns lernen, Probleme zu durchschauen, Hindernisse auszuräumen, jedes Gefühl der Begrenzung zu löschen und uns so zu verwirklichen, wie es unsere Bestimmung ist.

Lies diese Lektionen, studiere die Bücher, bleibe in dem Bewußtsein Deines wahren Wesens gegründet und fühle Dich zur Neuschöpfung der Welt berufen.

• • •

„Heute ruhe ich in dem klaren Gewahrsein meines Seelenwesens. Ich weiß, daß Gott sich durch mich in dieser Welt verwirklicht. Deshalb bin ich frei, gesund, erfolgreich und produktiv. Ich danke und meine Seele jubelt."

13

Löschen des Ego

Was ist das größte Hindernis auf dem Weg zur Selbstverwirklichung? Um direkt zu sein und auf den Kern der Sache zu kommen, es ist das Ego oder das *Gefühl des Getrenntseins.*

Alle unsere Bemühungen auf dem geistigen Pfad haben den Sinn, uns an den Punkt zu bringen, das Gefühl des Getrenntseins zu löschen. Du wirst Dich erinnern, daß wir auf dem geistigen Pfad nicht versuchen, ein geistiges Bewußtsein aufzubauen, das Wohlgefallen Gottes zu erwerben oder durch Erfahrung zu lernen. Wir versuchen zu der Erkenntnis unseres wahren Wesens zu erwachen.

Unser Ursprung

Als wir vor Ewigkeiten zum erstenmal in die Schöpfung verwickelt wurden, war dies ein planmäßiger Vorgang. Die Seele ist ein Strahl des Geistes, umgeben von einem aus dualen Polaritäten bestehenden Magnetfeld, in dem wir Intelligenz, Ego, Fühlen und Denken antreffen. Die Aura-Elektrizitäten strahlen aus und bilden die Kausal- und Astralkörper. Dann nimmt die Seele einen physischen Körper an. Und so finden wir uns jetzt vor.

Der Weg zur Erkenntnis Gottes besteht darin, die Aufmerksamkeit auf den Ursprung zurückfließen zu lassen und alles, was nicht reines Sein ist, zu übersteigen oder sich darüber zu erheben. Frühzeitig auf dem Pfad erlernten wir die Wichtigkeit, auf eigennütziges Bitten zu verzichten; mit anderen Worten, mit Vernunft die Gefühle zu überwachen. Wir lernten auch, wie wichtig es ist, den Verstand als schöpferisches Medium klug zu nutzen und keine uns bindenden persönlichen Situationen zu schaffen.

Wir sind als menschliche Wesen eine Verbindung von Körper, Gemüt (alle subtilen Ergänzungen eingeschlossen) und Geist. Als ein gewöhnlicher Mensch mit Massenbewußtsein ist der Einzelne ein Sohn der Menschheit. Wenn dieser Menschensohn erwacht und bewußt die Wahrheit erkennt, ist er ein Sohn Gottes. Das ist unser Auftrag auf dem geistigen Pfad, den Sohn der Menschheit „zu erheben".

Der Weg

Jesus sagte: „Ich selbst kann nichts tun." Diese Erkenntnis zeigt den Weg zur Freiheit für uns alle. Das Ego, das Gefühl des Getrenntseins, kann nichts tun. Obwohl es den Anschein hat, daß ein Mensch arbeitet, handelt, Erfahrungen macht usw., so ist es tatsächlich das *eine Leben,* das ihn durchströmt und sich verwirklicht. Dieses Leben fließt frei oder mit Abwandlungen, die davon abhängen, ob wir erwacht und vom Ego befreit oder ob wir begrenzt und unerwacht sind.

Hier ist ein Plan, wie wir handeln sollten. Versuche von diesem Moment an alles mit der Einstellung zu tun, daß das *Eine* durch Dich wirkt. Versuche „geschehen" zu lassen, anstatt „zu machen". Wer und was ist der Ursprung aller Manifestation? Was lenkt das kosmische Drama? Hast Du und habe ich überhaupt ein eigenes Leben? Oder sind wir lediglich Ausdruck Gottes?

Ja, bis zu einem gewissen Grad hat der Mensch freien Willen. Er kann entscheiden, sich entweder zu entspannen und sich dem Willen des Höchsten auszuliefern, oder er kann willentlich persönlichen Neigungen folgen. Aber Glück wird er nur unter den erstgenannten Bedingungen erfahren. Unsere größte Erfüllung kommt mit Sicherheit als ein Ergebnis absoluter Auslieferung an den göttlichen Willen.

Wenn wir die Arbeit tun, zu der wir uns berufen fühlen, und damit einen nützlichen Dienst zum Wohle der Menschheit in dieser Welt leisten, dann fühlen wir, daß wir am kosmischen Plan der Weltenwandlung teilhaben. Dies mildert mit einem Male unsere kleinlichen Sorgen und persönlichen Konflikte. Wir sind nicht länger vom Ego motiviert, und wir finden unsere Befriedigung, in der Erkenntnis Gottes zu wirken. Wenn wir an unserem richtigen Platz sind und das ausführen, wofür wir in diese Welt gekommen sind, werden wir weder durch Lob angetrieben, noch durch Tadel zurückgehalten, weiterzugehen. Wir werden auf zeitweilige Hindernisse auf dem geistigen Pfad nicht reagieren. Wir werden nicht in Depressionen fallen, wenn wir sehen, wie langsam die Massen zu erwachen scheinen und wie wenige Menschen sich in dieser Welt im Vergleich zu den Milliarden auf Erden mit geistigen Dingen beschäftigen.

Wir erledigen unsere Arbeit nur, weil es unsere Arbeit ist, die wir zu tun haben, und weil wir wissen, daß die unendliche Intelligenz, die den gesamten Vorgang lenkt, weiß, was sie tut.

Dieses selbstlose Handeln wird Karma-Yoga genannt — oder „der Weg zur Gott-Erkenntnis durch selbstloses Tun". Du erkennst das Geheimnis: Anstatt zu versuchen, Gott zu gefallen, entspannen wir das bewußte Gemüt und „lassen" Gott, göttliches Leben, sich durch uns verwirklichen, wie *ES* das tun will. Wir werden wahre Entsagende. Wir sehen alles als Ausdruck Gottes.

Dies ist ein Weg zur inneren Ruhe, den ich vor Jahren erlernte. Als ich zu lehren begann und in verschiedenen Städten vor zehn oder 15 Jahren Seminare leitete, hatte ich manchmal äußeren Erfolg und manchmal nicht. Doch lernte ich, unbesorgt weiterzumachen und einzusehen, daß es nicht meine Aufgabe war, Reaktionen von Menschen zu beschleunigen, sondern lediglich mein Bestes zu geben, um damit zu dienen. Ich bin dafür verantwortlich, gerade jetzt die Lehren der Wahrheit so klar wie möglich zu überbringen, klugen Gebrauch von meiner Zeit und meinen Mitteln zu machen und den Rest der einen höchsten Macht zu überlassen. Ich sorge mich nicht, ob ich in diesem Moment erfolgreich erscheine oder nicht.

Du weißt, Erfolg und Versagen, Gesundheit und Krankheit, Wohlstand und Armut — das sind Erscheinungen auf der Leinwand des Lebens. Sie gehören der Welt der Relativität an. Es zählt nur eins: Für immer in der Erkenntnis Gottes verankert zu sein. Das ist das einzige, was uns Glück bringen wird.

Vor Jahren sprach ich mit Joel S. Goldsmith, der die treibende Kraft hinter der Bewegung des Unendlichen Weges ist. Er erzählte mir, daß in seinen Anfängen manchmal keine Resonanz aufkam, auch wenn er sein Bestes tat, um erfolgreich zu sein. Und er war darüber besorgt. Dann kam ihm die Erkenntnis, daß die äußeren Dinge für sich selbst sorgen, wenn er in Gott verankert bleibt, weil das seine hauptsächliche Verantwortlichkeit ist. Von da an begann er nach und nach Erfolg in den Augen der Welt zu haben. Für ihn jedoch war es lediglich Bewußtsein, das sich in göttlicher Ordnung entfaltete.

Was ist Deine Vorstellung von Gott?

Deine Vorstellung von Gott entscheidet, wie leicht Du fähig sein wirst, das Gefühl des Getrenntseins oder das Ego zu löschen.

Wenn Du Dich von Gott getrennt fühlst, wird es beinahe unmöglilch für Dich, das Gefühl des Getrenntseins zu löschen. Wenn Du jedoch klar verstehst, daß Du als eine Seele ein Strahl Gottes, eine Individualisation Gottes bist, dann vermagst Du die Möglichkeit zu akzeptieren, Deine Überzeugung des Getrenntseins aufzugeben.

Hier ist die Wahrheit: Du bist nicht ein Mensch, der versucht, Einheit mit Gott zu erreichen, *Du bist Gott individualisiert und versuchst, Dich an Dein wahres Wesen zu erinnern.*

Du weißt, daß wir den Bemühungen ausweichen, wenn wir uns unwürdig oder nicht bereit fühlen, uns unser göttliches Wesen in die Erinnerung zurückzurufen. Das Vergessen unseres göttlichen Wesens ist die Ursache all unserer Probleme, während die Erinnerung an unser göttliches Wesen zur Lösung aller Probleme führen wird.

Deshalb habe ich immer und immer wieder die Wahrheit über Dein elementares Wesen hervorgehoben. Ich könnte endlos über Methoden, Techniken, Philosophien und Systeme schreiben — doch dies würde zu nichts führen. Aber ich weiß, daß tägliche Erinnerung an unser göttliches Wesen schließlich die Erinnerungen der schlafenden Seele wachrüttelt und zur Selbstverwirklichung führt.

Gott durchdringt unser Gemüt, das Nervensystem, unseren Körper und unser gesamtes Sein. Gottes-Wahrnehmung ist Wahrnehmung durch unsere Sinne. Dadurch jedoch, daß das Gott-Bewußtsein nach außen gelenkt ist und den astralen und physischen Körper durchdringt, ist es verschleiert und verzerrt. Wenn wir fähig sind, den Fluß der Aufmerksamkeit umzulenken, um hinter die Sinne und hinter das Gemüt zu kommen, erkennen wir bewußt die Wahrheit über *das,* was die tragende Kraft ist. Wir erkennen uns selbst als göttlich. Das also geschieht, wenn wir das Ego löschen.

Wir müssen dem Äußeren gegenüber absterben

Um Gott zu erfahren, müssen wir buchstäblich für die äußere Welt „sterben". Und wir müssen es täglich tun, wie es der heilige Paulus tat.

Ein der Wahrheit geweihter Schüler hält nicht an irgendetwas in der äußeren Welt fest. Wir können uns selbstverständlich Gruppen und Organisationen anschließen, solange sie einen sinnvollen Dienst leisten. Wir sollten jedoch nicht stolz darauf sein, einer Organisation, einer Bewegung, einer Gruppe, einer Familie oder einer Rasse anzugehören. Wenn wir wahre Entsagende werden, lösen wir uns von Habgier, Eigennützigkeit, Besitzanspruch, Stolz und Voreingenommenheit. Wir befreien uns auch von Gefühlen wie Unwertsein, Bedauern, Groll, Schuld und Furcht.

Anstatt zu versuchen, uns „durch diese Dinge durchzuarbeiten", verändern wir lediglich unsere Aufmerksamkeit, erwachen so zu der Erkenntnis unseres göttlichen Wesens und sehen, daß die genannten Gefühle lediglich ein Produkt der Unwissenheit sind. Wenn wir aus dem Traum der Sterblichkeit erwachen, erkennen wir auch, daß alle Produkte des Traums verschwinden. Sie hatten nur Bedeutung während des Träumens.

• • •

„Heute und von nun an entspanne ich ganz natürlich das bewußte Gemüt und ruhe in der Erkenntnis meines wahren Wesens. Ich weiß, daß ich Gott in Individualisation bin und durch die Gesamtheit des Fühlens, des Ego, des Verstandes und des Gemüts wirke. Ich wirke wie Gott wirkt, des Transzendentalen, des Offenbarten, des Absoluten und des Relativen bewußt. In meinem ganzen Tun bin ich von Gott gelenkt, von Gott inspiriert und von Gott versorgt. Die gleiche Intelligenz, die mich zum Handeln veranlaßt, sorgt auch dafür, daß alle Dinge zum Guten, Mühelosen und Wunderschönen zusammenwirken, so daß der göttliche Weltenplan sich erfüllen möge."

14

Vom Gesetz zur Gnade

Wenn Du Dein Ego erfolgreich gelöscht hast, wie es in der letzten Lektion erklärt wurde, wirst Du vom Gesetz zur Gnade gelangen. Das heißt, wie Du selbst feststellen wirst: Wenn Du Dich aus dem Gewahrsein Deines wahren Zentrums durchs Leben bewegst, kannst Du mühelos mit den Kräften des Universums kooperieren.

Sobald dies eintritt, hört der Existenzkampf im Leben auf. Du lebst in dem Gewahrsein des Augenblicks, spontan, achtsam, freudig und frei.

Das ist die vierte Stufe der Seelen-Entfaltung nach dem physischen, dem astralen und mentalen Bewußtsein. Das ist das „Tor" zu dem inneren Reich Gottes. Jetzt bist Du Deines göttlichen Wesens bewußt, obwohl Du fortfährst, in dieser Welt zu wirken.

Was ist Gnade?

Gnade ist der durch den Menschen wirkende Geist Gottes, der ihn erneuert und umwandelt.

Wenn die anziehende Strömung des Universums — manchmal als die Liebe Gottes bezeichnet — uns zu beeinflussen beginnt, werden wir über die Welt erhoben. Dann ist die Schwerkraft, die Trägheit, neutralisiert, und wir beginnen, den Himmel, die wahre Erfüllung, zu erleben.

Deshalb ist es so wichtig für uns, daß wir uns alle Mühe geben, zu meditieren, zu kontemplieren und zu lernen, im Einklang mit dem Unendlichen zu sein. Zuerst ist es schwierig, sich zu konzentrieren und das Unterbewußte zu durchbrechen. Es scheint, als ob wir darum ringen würden, ein großes Gewicht zu überwinden und uns aus dem Schleier der unterbewußten Bedingungen zu befreien. Solange wir auf die Erscheinungswelt eingestimmt sind, sind wir im Einklang mit der Maya, der Finsternis, mit dem Natursystem, gelegentlich „Täuschung der Sinne" genannt.

Die Natursubstanz, aus der alle Dinge geformt sind, hat zwei Eigenschaften: Sie ist formbildend und wahrheitverschleiernd.

Dadurch wird ein Mensch, der auf sie eingestimmt ist, getäuscht. Er kann nicht das subtile Wesen Gottes erkennen. Deshalb wandern die Menschen in der Finsternis, weil sie unter diesen Bedingungen nicht das „Licht, das jedem Menschen leuchtet, der in diese Welt kommt", wahrnehmen können. Dieses Licht erleuchtet uns alle. Doch erst wenn wir geistig erwachen, können wir es wahrnehmen. Wir sind uns zunächst des Lichtes nicht bewußt.

Aufgrund der einsetzenden geistigen Erweckung jedoch beginnen wir intuitiv die Existenz dieses Lichtes wahrzunehmen und werden angetrieben, seinen Ursprung zu erforschen. Auf diese Weise erwachen wir und gehen schließlich durch die Schichten des Bewußtseins, bis wir unser wahres Wesen als göttlich erkennen. Zu dem Zeitpunkt werden wir zum „Sohn Gottes". Der „Menschensohn" wurde erhoben und der Zweck der menschlichen Existenz hat sich erfüllt.

In der Gnade leben bedeutet *erwartungsvoll* und *empfänglich* zu sein. Es bedeutet nicht, sich zu weigern, an der Welt teilzuhaben, indem wir auf die Erfüllung unserer Wünsche verzichten, und auch nicht, von unterbewußten karmischen Modellen beherrscht zu werden. Wahr ist vielmehr: Wenn wir in der Gnade zu leben beginnen, werden wir überwiegend ein Gefühl des Aufschwungs und der Schaffenskraft erleben; obwohl wir auch zeitweise Reste von Karma abtragen, sind wir lebendig.

Du weißt bereits, was Du zu tun hast, um beständig auf dem geistigen Pfad zu bleiben: Sei selbstdiszipliniert, studiere Wahrheits-Schriften, meditiere regelmäßig und vertraue immer auf das Unendliche. Das sind die Grundregeln, die uns ohne Fehl auf dem rechten Weg halten.

Ein Funken Gott-Bewußtsein ist wichtig

Nach der ersten flüchtigen Wahrnehmung von Gott-Bewußtsein, unserem wahren Wesen, werden wir auf dem restlichen Weg unwiderstehlich angezogen. Deshalb erklärten die Mystiker: „Wenn der Mensch eine Hand nach Gott ausstreckt, wird Gott ihm beide Hände entgegenstrecken, um ihn in die Freiheit zu ziehen." Die magnetische Anziehungskraft wird uns in die Befreiung ziehen. Wenn uns einmal bewußt wird, wie *ES* wirkt, tragen wir unseren Teil dazu bei, mit dem Ringen aufzuhören.

Yogananda empfahl seinen Schülern, am Abend vor dem Schlafengehen zu meditieren, um Kontakt zu Gott herzustellen oder um

Gewahrsein Gottes zu erlangen. Wenn wir dies ohne Unterlaß täglich tun, werden wir im Laufe der Zeit bestimmt Fortschritte bemerken. Manchmal mag es scheinen, als käme die Entfaltung nur langsam. Doch erinnere Dich, wie lange wir in diese Welt verstrickt waren, und wie neu das Gewahrsein unseres göttlichen Potentials im Gegensatz zu den Inkarnationen der Täuschung noch ist. Jetzt jedoch kennen wir den Weg und können dankbar sein.

Der Sinn ist, mehr und mehr der Harmonie und des richtigen Handelns gewahr zu werden und zu erkennen, daß das geistige Universum hier und jetzt hinter den Schatten der Welt existiert. Wenn wir dies erkennen, wird das Reich der Erfüllung emportauchen und „es wird für uns auf Erden wie im Himmel sein".

Ist es möglich, diesen Zustand heute zu erkennen in einer Welt, in der das Chaos scheinbar so offensichtlich ist? Natürlich ist es möglich. Jeder große Lehrer lehrte, daß dies möglich ist und zeigte den Weg jenen, „die Augen haben, um zu sehen, und Ohren, um zu hören".

Wir sollten nicht versuchen, lediglich um des Gewinnes willen im Strom der Gnade zu schwimmen. Wenn wir bei unserer inneren Arbeit erfolgreich sind, wird sich der Gewinn von selbst einstellen.

Wir sollten mehr und mehr Probleme gelöst, Hindernisse überwunden und Fragen beantwortet sehen. Wir sollten in all unseren Angelegenheiten Harmonie sehen. Wir sollten gedeihen und gesund sein. Wir sollten eine wundervolle Beziehung mit den Menschen haben, die unsere richtigen Gefährten sind.

Häufig haben die Menschen, die danach streben, in der Gnade Gottes zu leben, noch persönliche Probleme zu bewältigen. Das heißt nicht, daß Gott sie prüft. (Würdest Du als Gott Dich selbst prüfen?) Sie tragen jedoch noch immer falsche Vorstellungen über das Leben mit sich herum. Solche Menschen fühlen sich vielleicht noch immer der Segnungen des Lebens unwürdig. Vielleicht haben sie unterbewußt noch immer Gefühle von Armut, Begrenzung und Krankheit beibehalten. Unsere Probleme sind nicht gottgewollt. Unsere Probleme werden durch mangelhaftes Verständnis hervorgerufen als Folge unserer unvollkommenen Selbstverwirklichung oder Verwirklichung Gottes.

Das ständig herabströmende Licht und die Kraft wandeln langsam aber sicher unser Wesen und verändern alles. Kann der weiseste aller Menschen, wenn er auf der Ebene des bewußten Gemüts wirkt, alle seine Probleme lösen und für sich wünschenswerte unterbewußte Modelle schaffen? Er kann es nicht. Aber es gibt *etwas,* das dies kann. Es gibt *etwas,* das mehr weiß als wir; *ES* ist jetzt sogar gegenwärtig und klopft an die Tür unseres Bewußtseins, um sich einen Weg in unser Leben zu bahnen. Wenn wir lernen, *ES* gewähren zu lassen, wird *ES* hereinkommen und das für uns tun, was wir niemals für uns tun könnten. Das ist das große Geheimnis und der Grund, warum die Weisen erklären, daß die Gnade Gottes zur Befreiung führt.

Nun, einige Menschen, die noch immer Geltungsbedürfnis haben und „die Dinge auf ihre Weise tun wollen", werden sich der Bewegung des göttlichen Lebens widersetzen. Sie werden sich weigern, ihren eigenen Willen Gott zu unterstellen, entweder weil sie befürchten, daß der göttliche Wille im Gegensatz zu ihren eigenen Wünschen stehen könnte, oder weil sie darauf aus sind, sich selbst etwas zu „beweisen". Deshalb ist es so wichtig, das Gefühl des Getrenntseins, das Ego, zu löschen, wenn wir auf dem Pfad fortschreiten wollen.

Was möchte Gott von Dir?

Vielleicht möchtest Du Dir selbst Fragen stellen: Was möchte die göttliche Intelligenz durch Dich und als Du bewirken, was ist der Plan Deines Lebens, warum hat sich Gott als Du individualisiert?

Anfangs sehen oder hören wir von jemandem, der schreibt, lehrt, heilt usw., und wir sagen vielleicht zu uns selbst: „Ich würde das auch gerne tun." Doch nach dem göttlichen Plan für unser Leben sollten wir in unserer gegenwärtigen Situation bleiben und unsere persönliche Bestimmung erfüllen.

Vielleicht lautet der göttliche Plan für uns, andere zu unterstützen, die sich um die Erweckung der Seelen bemühen. Vielleicht sollten wir sogar unseren gesamten Lebensweg ändern. Wir werden solange nicht wissen, was für uns richtig ist, bis wir uns nach innen wenden und lernen, uns ohne Fragen nach der inneren Führung zu verhalten.

Uns von der Stufe des „Gesetzes der Übereinstimmung", auf der wir metaphysische Prinzipien anwenden, zur Gnade hin zu bewegen, ist nicht gerade die leichteste Sache von der Welt. Ein Mann, der eine erfolgreiche metaphysische Praxis hatte, sagte zu mir: „Ich kann jetzt noch nichts ändern, mein gesamtes Leben ist durch den Beruf festgelegt."

Nun, die Änderung kann schrittweise erfolgen. Es gibt gewöhnlich eine Periode, in der wir die Erfüllung unserer Wünsche durch metaphysische Methoden nicht länger erzwingen, sondern zum Geschehenlassen des göttlichen Willens umwechseln, weil wir selbst unsicher sind. Wir haben unsere Motive zu überprüfen. Ehrliche Selbstbetrachtung führt zu tieferer und größerer Selbstverwirklichung. Alles, was uns klarere Einsicht gewinnen läßt und zur Erkenntnis unseres wahren Wesens führt, lohnt sich und sollte nicht aufgeschoben werden.

Wenn wir in der Gnade Gottes zu leben lernen, werden wir ein Gefühl der Sicherheit und des Wohlbefindens erfahren, das wir vorher nie gekannt haben. Wir hängen nicht länger von irgendetwas Äußerem ab. Wir leben aus dem Inneren und erkennen die äußeren Bilder als Wirkungen. Nichts in der äußeren Welt kann uns in Bewegung setzen, wenn wir in Gott verankert sind. Es mag kommen, was will, wir bewältigen alles mühelos und betrachten die äußeren Erscheinungen als vorüberziehende Schatten.

Ein Mensch, der fähig ist, in der Gnade zu leben, hat die Welt überwunden. Er hat Erlösung erlangt, Freiheit trotz Verkörperung. Er wird automatisch ein Glied jener geistigen Bruderschaft, die die Geheimnisse des Planes Gottes für die Menschheit kennt. In dieser Gemeinschaft gibt es keine organisatorischen Regeln; es gibt nur die spontane Wirksamkeit der Gesetze, die die gesamte Schöpfung lenken.

•   •   •

„Im Gewahrsein meines wahren Wesens ruhend bin ich in Gott verankert, betrachte die wandelnden Bilder der Welt und erkenne die Ursache allen Geschehens sowie die endliche Bestimmung aller Menschen. In dem Strom der Gnade schwimmend bin ich automatisch immer in das Wirken meines Vaters einbezogen. Ich erfreue mich der Freiheit, nach der ich so lange gesucht habe. Nachdem der Menschensohn erhoben wurde, weiß ich jetzt: Ich bin ER."

15

Der Weg des Eingeweihten

Der Weg des Eingeweihten ist gerade und schmal. Er ist der Pfad, der durch jede Sinnestäuschung zur Erleuchtung führt.

Einweihung bedeutet, in einen höheren Lebensweg eingeführt zu sein. Dieser Vorgang ist eine geistige Wiedergeburt, in der wir unseres unsterblichen Wesens gewahr werden. Der in der Welt verlorene Mensch hat sein wahres göttliches Wesen vergessen. Er muß erweckt und ihm muß gezeigt werden, wie er das Gemüt und das Bewußtsein klärt. Dies ergibt sich gewöhnlich aus der Begegnung mit einem geistig Erwachten, der uns den Weg zeigen kann. Dieser geistig erwachte Mensch mit der Verantwortung, die Seelen zu Gott zu führen, ist der Guru.

Ein Guru ist mehr als nur ein Lehrer, weil er außer dem Erteilen von Anleitungen auch die Intuition in uns erweckt und uns hilft, unsere unterbewußten Probleme zu überwinden. Ein Guru mit hellseherischen Einsichten kann uns besser als wir selbst erkennen und uns dadurch helfen, unser „Lagerhaus" des Karma zu klären. Der Durchschnittsmensch ist ein Opfer seines Karma und bewegt sich von Erfahrung zu Erfahrung in dem Bereich der Relativität. Ein solcher Mensch hat erfreuliche und unerfreuliche Erfahrungen, aber der Guru ist daran interessiert, ihm zu zeigen, wie er die relative Welt überschreiten kann, um über die Dualitäten hinaus zu gelangen.

Es ist schwerlich zu bestreiten, daß Gesundheit, Wohlergehen, innere Ruhe und harmonische zwischenmenschliche Beziehungen in dieser Welt wünschenswert sind. Dennoch versteht ein weiser Mensch, daß sogar Erfolg lediglich ein Bild auf der Leinwand von Raum und Zeit und auf keinen Fall das Ziel des Lebens ist. Es ist nicht der Weg des Eingeweihten, lediglich für den äußeren Erfolg zu arbeiten, um zu beweisen, daß er die Gesetze des Gemüts versteht. Ein Eingeweihter bemüht sich um eine Sache — um Gott-Erkenntnis. Er weiß, daß eine solche Erkenntnis genug sein wird. Ein erleuchteter Mensch erfährt ganz natürlich Erfüllung im Leben und findet vor, was er benötigt. Alles, was er gerade braucht, ist da. Er braucht nicht dafür zu arbeiten.

Vorbereitung auf die Einweihung

Wir bereiten uns für die Einweihung vor, indem wir uns danach sehnen, die Wahrheit zu erkennen, und indem wir uns bemühen, rein motiviert zu sein. Ein Mensch, der okkulte Geheimnisse erlernen möchte, um andere Menschen zu beherrschen oder um eigennützige Ziele zu verfolgen, ist noch nicht reif für die Einweihung. Wenn trotzdem ein solcher Mensch erwacht, wird er lediglich die bereits vorhandene Verwirrung in seinem Leben komplizieren und vergrößern. Einweihung zu suchen bedeutet, daß der Mensch sein Herz befragen und seine eigene Entscheidung treffen muß. Wenn man einmal den wahren geistigen Pfad beschritten hat, gibt es kein Zurück mehr. Jesus sagte es folgendermaßen: „Niemand, der seine Hand an den Pflug legt und zurückschaut, ist reif für das Himmelreich."

Es gibt keine strengen Regeln für einen Eingeweihten, weil sein Leben ein inneres Leben sein soll. Er sollte immer durch seine Intuition geleitet sein. Er sollte seine Gedanken und Handlungen gleichschalten, so daß er rasch auf dem geistigen Pfad fortschreitet. Er sollte das Gute wählen, das zur Selbstverwirklichung führt, und das Schlechte meiden, das unser Leben und unsere Selbstverwirklichung erschwert. Ein Eingeweihter sollte sein Leben überprüfen und lernen, alle unwesentlichen Dinge zu unterlassen. Auf diese Weise schreitet er auf dem Pfad schnell voran. Er verdichtet Erfahrungen durch konzentriertes Bestreben und beschleunigt seine Befreiung.

Unser Tun ist weder geistig noch ungeistig. Unser einziger Anhaltspunkt kann sein: Wenn unser Tun das Gewahrsein des Lebens erweitert, dann ist es richtig für uns. Wenn es unser Gewahrsein des Lebens mindert, ist es unrichtig.

Wahre Einweihung

Wahre Einweihung ist mehr als ein äußeres Ritual oder eine symbolische Geste. Dennoch kann Einweihung durch Ritual und Symbolik begleitet sein, um als ein dramatisches Ereignis auf das Unterbewußtsein einzuwirken und so den Wendepunkt des Lebens zu markieren.

Zwei Dinge sollten bei der Einweihung beachtet werden: Guru und Schüler sitzen sich gegenüber. Vor der Begegnung meditiert der Guru und verankert sich im Gott-Bewußtsein. Der Schüler bereitet sich durch Gebet und Meditation vor, um aufnahmefähig zu werden. Dann meditieren beide, Guru und Schüler, und der Guru überträgt seine Lebenskraft entweder durch einen Willensakt oder durch Handauflegen auf den Schüler. Er rüttelt die schlafende Lebenskraft in dem Schüler wach und erweckt seine Intuition. Dann wird der Schüler in eine Meditationstechnik eingewiesen, die ihn befähigt, die Erweckung in seinen privaten Stunden fortzusetzen.

Meditationsanleitungen ohne geistige Erweckung führen zur mechanischen Ausführung der Methode ohne große Ergebnisse. Geistige Erweckung ohne Meditationsanleitung läßt den Schüler vitaler und empfänglicher werden, zeigt ihm jedoch keinen Weg, seine vermehrte Engergie und stärkere Wahrnehmung zu kanalisieren.

Mit der Einweihung ist eine Verbindung zwischen dem Guru und dem Schüler entstanden, und ein Machtstrom durch den Guru zum Schüler bleibt bestehen, durch den beide von Gott gelenkt werden. Ein Schüler kann sich deshalb auf seinen Guru und das Unendliche einstimmen. Deshalb wird gesagt, daß ein wahrer Guru Gott auf Erden ist. In einem solchen Menschen drückt sich das klare Gewahrsein des Unendlichen vollkommen aus und dadurch werden das göttliche Licht und die Macht in die Schöpfung kanalisiert. Die einzige Bindung zwischen dem Guru und dem Schüler ist unpersönliche Liebe und geistige Ehrerbietung. Das einzige Motiv des Guru in seiner Beziehung zu seinem Schüler ist, ihm den Weg zur Gott-Erkenntnis zu zeigen.

Häufig, nicht immer, ist die Guru-Schüler-Beziehung eine Erinnerung vergangener Lebensgemeinschaften. Beide kommen immer wieder zusammen, bis der Schüler befreit ist und seine eigene Mission als Guru für andere beginnt.

Wenn der Schüler genügend erweckt ist und seiner eigenen Göttlichkeit gewahr wird, lebt er vollkommen frei und vertraut auf das Unendliche von Augenblick zu Augenblick. Die Tage, in denen er Probleme überwinden und sich selbst beweisen mußte, sind vorüber. Er beginnt mit der Umwandlung der Welt: auf diese Weise deutet sich sein geistiges Ziel an. Wenn wir erleuchtet werden und wissen, wer wir sind, ist in unserem Wesen kein Ego mehr vorhanden. Es gibt nichts zu erringen oder zu erwerben. Von diesem Moment an können wir nur für das Wohl der Menschheit wirken, weil wir erkennen, daß nichts anderes wichtig ist. Der Sinn der Schöpfung ist nicht die Manifestation eines irdischen Paradieses, obwohl dies kommen mag. Der Sinn ist Selbstverwirklichung für alle Geschöpfe. Wenn wir dies verstehen, leben wir ein sinnvolles Leben und erlangen einen unerschütterlichen inneren Frieden, der jedes menschliche Verstehen übertrifft.

Ein Eingeweihter schiebt sein geistiges Wohlbefinden nicht auf. Er denkt nicht, daß die Bedürfnisse der materiellen Welt wichtiger seien als seine Selbstverwirklichung. Er sieht die sogenannte materielle Welt als Ausdruck Gottes und ist immer bestrebt, ein bewußtes Leben in einer himmlischen Weise zu leben. Einige Menschen sagen: „Ich habe keine Zeit zu meditieren und auch keine Zeit, an Gott zu denken." Ungeachtet wie beschäftigt wir sind, können wir doch in jedem Moment des Tages in dem Gewahrsein leben, daß Gott sich jetzt durch uns und als Du und ich ausdrückt. Das ist es, was das geistige Leben bedeutet. Wir brauchen keinen Kompromiß, einerseits in der Welt zu ringen und zu arbeiten, und andererseits Meditation und Studium als eine Gelegenheit zu nehmen, den Herausforderungen des Lebens auszuweichen. Wir sollten das Gemüt durch Meditation und geistige Betrachtung klären und dann immer dieses Gewahrsein mit uns tragen.

Wenn wir fähig sind, dies zu handhaben, stellen wir fest, daß all unser Tun eine geistige Aktivität ist. Ungeachtet dessen, ob wir im Berufsleben stehen, mit anderen Menschen oder mit der Familie zusammen sind, an den Mahlzeiten teilnehmen, lieben — es ist ganz gleich — wir tun alles in dem Bewußtsein Gottes, und es ist ein göttliches Tun.

Es ist wichtig, Einweihung von einem Menschen zu erhalten, der selbst von einer gottbewußten Seele eingeweiht wurde. Dadurch entsteht eine Kette von Meistern, durch welche die göttliche Macht fließt. Nachdem er eine Reihe von Jahren Meditation geübt und Tiefe und Einsicht gewonnen hat, kann der Eingeweihte von seinem Guru angehalten werden, damit zu beginnen, sich anderen mitzuteilen. Dann wird der Eingeweihte ein Beauftragter in der Gurulinie, und die Wahrheit verbreitet sich in einer ständig wachsenden Anzahl von Menschen.

Das wahre geistige Leben zu leben ist jedoch das wichtigste Erfordernis. Wir sind nicht reif, andere zu erwecken oder anzuleiten, es sei denn, wir wissen durch eigene innere Erfahrung, was es heißt, im Gott-Bewußtsein zu leben. Das Wissen aus eigenem Erleben und das Gewahrwerden der dringenden Bedürfnisse anderer Menschen erweckt

Erbarmen und treibt uns ganz natürlich dazu, anderen, die hören möchten, den Weg der Befreiung zu zeigen.

Du siehst, der Durchschnittsmensch auf dem geistigen Pfad sollte mithelfen, die Wahrheit anderen nahe zu bringen, indem er die Arbeit einer Gruppe oder eines Menschen in der Frontlinie unterstützt. Durch Entrichten des „Zehnten" — gewöhnlich als zehn Prozent des Einkommens des Einzelnen angesehen — kann der Einzelne zur Erhebung der Welt beitragen. Vielleicht vermehrt sich die Summe der aufgewandten Zeit und Energie, bis schließlich die gesamte Zeit und Energie völlig hingegeben wird, um das Licht in die Welt zu bringen. Es gibt zahlreiche „Verlockungen" auf dem Pfad, weil wir karmische Modelle ausarbeiten und unsere ruhelosen menschlichen Neigungen überwinden müssen. Wenn jedoch unser Motiv rein ist, und wir fest entschlossen sind, den gesamten Weg in dieser Inkarnation zu gehen, werden wir fähig sein, den verlockenden Trugbildern der Welt zu widerstehen. Wir werden nicht von einer höheren Macht geprüft. Unsere Prüfungen bestehen darin, den inneren Impulsen mutig zu begegnen.Wenn wir ihnen nachgäben, würden sie uns irreleiten, das Gemüt verwirren und negative unterbewußte Komplikationen schaffen.

Für einen Eingeweihten ist es wichtig, täglich zu kontemplieren und in dem transzendentalen Gewahrsein eingebettet zu sein, um immer von dieser Bewußtseinsstufe aus zu leben. Das wird einen objektiven Gemütszustand sichern und uns ständig auf dem Pfad halten. Das Geheimnis ist, Gefühle durch richtige Nutzung der Intelligenz zu kontrollieren, (durch geschultes Unterscheidungsvermögen), und sich des wahren Platzes und der wahren Funktion in dieser Welt zu erinnern.

· · ·

„Wie ein Eingeweihter, in Gott erwacht, bleibe ich immer auf den unendlichen Willen eingestimmt. Von Augenblick zu Augenblick lasse ich den göttlichen Plan sich durch alle meine Gedanken, Gefühle und Handlungen ausdrücken."

16

Regeln für den ständigen Fortschritt auf dem Pfad

Die wenigen Regeln für ständigen Fortschritt auf dem geistigen Pfad sind einfach — sie müssen jedoch sorgfältig beachtet werden.

1. Selbstdisziplin

Sie bedeutet nichts weiter, als unsere Aufmerksamtkeit, Gedanken und Gefühle zu kontrollieren. Wenn wir einmal (zumindest rational) zum Verständnis unseres göttlichen Wesens gekommen sind, sollten wir versuchen, unser Leben entsprechend zu verändern und so zu leben, wie eine frei Seele leben würde. Wir sollten unsere Aufmerksamkeit immer wieder zum Unendlichen fließen und uns nicht in verwirrende Situationen verwickeln lassen. Wir sollten keine negativen Gedanken hegen wie Gedanken an Krankheit, Unglück, Armut, Ablehnung usw.. Wir sollten unsere Gefühlsnatur läutern, so daß Gefühle wie Furcht, Schuld, Reue, Groll und Aufregung nicht vorherrschen.

Eine Möglichkeit, die Gedanken und Gefühle zu kontrollieren, ist es, die Konversation zu kontrollieren. Vermeide es, furchterfüllte und negative Worte zu sprechen. Weigere Dich zu klatschen und einen anderen Menschen mit Worten herabzusetzen. Nach Möglichkeit meide Menschen, die nur von negativen Empfindungen und Erfahrungen reden, und solche, die Dein Gemüt vergiften. Durch Lesen solcher Bücher, wie sie durch „Weltweites Neues Leben" verbreitet sind, wirst Du Zugang zu Informationen über Gemütskontrolle und über die Geheimnisse der Konzentration bekommen.

2. Richtiges Studium

Richtiges Studium für einen Wahrheitssuchenden umfaßt die Heiligen Schriften und Schriften erleuchteter Männer und Frauen. Beim Lesen gut fundierter Schriften werden wir täglich an die Fakten des Lebens erinnert, unser geistiges Streben bleibt erhalten und schlafende Erinnerungen der Seele werden geweckt.

Es schadet nichts, die allgemeinen Nachrichten, Romane, Biographien, oder wozu wir sonst aufgelegt sein sollten, zur Information oder zur Unterhaltung zu lesen. Wir tun gut daran, Bücher über Religion und Philosophie zu meiden, die von Autoren mit mangelnder geistiger Erfahrung geschrieben sind, und die sich meistens mit Theorien und Meinungen oder sogar mit Phantasien befassen.

3. Regelmäßige Meditation

Ich hoffe, Du meditierst so regelmäßig wie Du kannst, weil dies das Fundament des geistigen Lebens ist. Meditation hält uns in Harmonie und vermehrt den Strom der Lebenskraft im Körper. Wenn wir durch die Schichten des Bewußtseins zum Ursprung durchbrechen, beginnt reines Leben durch uns zu fließen, das uns größere Kraft verleiht und den Sinn in all unserem Tun offenbart.

4. Vertrauen in das Unendliche

Vertrauen in das Unendliche ist das Thema, das sich durch diese Lektionen zieht und ist das vielversprechende Ziel unseres Strebens. Wenn wir intuitiv erwacht und in jedem Augenblick im Einklang sind, wird es uns an nichts mangeln. Wir werden innere Führung erhalten, durch Hindernisse hindurchsehen, gedeihen und in Übereinstimmung mit der Natur auf allen Ebenen spontan wirken.

Wenn wir uns festfahren, gerade weil wir in Übereinstimmung mit universalem menschlichen Bewußtsein sind, können wir immer kontemplieren und unsere Gelassenheit und innere Einsicht wieder zurückgewinnen. Sollten wir einen Fehler machen, ist es besser, sich zu vergeben, zu vergessen und zu beschließen, den Fehler nicht noch einmal zu machen, anstatt sich schuldig zu fühlen und sich zu verdammen. Auf diese Weise wird Karma neutralisiert und vergangene Handlungen können uns nicht länger beeinflussen. Wir können jede Situation, die inneren Konflikt verursacht, genauso handhaben; ob Kummer, Furcht, Reue, Groll oder Ablehnung. Wir können von jeder emotionalen Belastung, die das Gefühl begleitet, freiwerden, wenn wir es versuchen. Das ist wichtig, denn wenn wir die Erfahrung von den damit verknüpften Emotionen nicht befreien, wird unser zukünftiges Verhalten von der Erinnerung mitbestimmt. Auf diese Weise wird die Mehrheit der Menschen in der Zeit festgehalten. Das heißt, obwohl sie in diesem Moment wach sind, werden sie noch immer durch Erinnerungen an vergangene Erfahrungen beeinflußt.

Die Technilk, Emotionen freizusetzen

Am Abend, bevor Du meditierst, entspanne und wende Dich nach innen. Durchlebe vor Deinem geistigen Auge die hauptsächlichsten Ereignisse des Tages von dem Moment Deines Aufwachens bis zu dem gegenwärtigen Moment. Prüfe kritisch die Szenen in diesem „Film" in der Reihenfolge der Ereignissse. Sollten Vorkommnisse verbunden mit schmerzlichen Erinnerungen und Gefühlen oder beladen mit irgendeiner anderen unerwünschten Emotion auftauchen, so durchlebe die Vorkommnisse so, wie Du wünschst, daß sie sich ereignet hätten.

Mache dies mit positiven Gefühlen. Du löschst nicht die Erinnerung des gegenwärtigen Ereignisses, aber Du neutralisierst die Empfindung, die mit der Erinnerung verbunden ist. So siehst Du später den Inhalt Deines unterbewußten Speichers mit anderen Augen an und bist nicht mehr mit negativen, emotionalen Belastungen behaftet. Das ist der große okkulte Weg, Karma Tag für Tag auszuarbeiten, so daß nichts in unser Unterbewußtsein absinkt und unser Leben belastet.

Du kannst diese Methode auch anwenden, um die mit irgendeiner Situation der Vergangenheit verbundenen schmerzvollen Erinnerungen zu überwinden, ob sie sich letzte Woche, im letzten Jahr oder viele Jahre vorher ereignet haben.

Du siehst, es ist nur die aufgespeicherte Emotion, die unsere Lebenskraft schwächt und uns veranlaßt, in gegenwärtig ähnlichen Umständen unklug zu reagieren. Wenn im Unterbewußtsein durch diese Erinnerungsbilder Energie blockiert ist, bedeutet das, daß unsere Energieversorgung abnimmt. Speichern wir viele schmerzhafte Erinnerungen, verlieren wir das Interesse am Leben und möchten uns zurückziehen oder gar sterben.

Eine andere einfache Methode ist es, sich ein Vorkommnis ins Gedächtnis zurückzurufen, das emotionale Schmerzen verursacht hat: Während wir darüber ohne Bewertung nachdenken, sollten wir mehrere Male besonnen tief durchatmen. Dieses tiefe Atmen bringt Dich in Übereinstimmung mit dem gegenwärtigen Augenblick und leitet Schmerzempfinden ab, das die mentalen Bilder begleitet. Wenn Du möchtest, probiere diese Übung immer, wenn Du besorgt bist, Dich abgelehnt fühlst oder in anderen ähnlichen Situationen.

Es gibt natürlich auch Menschen, die Leid genießen, weil sie eine negative Selbstbetrachtung betreiben, sich nicht leiden können oder sich in der Aufmerksamkeit und Besorgnis der anderen wohlfühlen. Das ist eine Form von Selbstbefriedigung und ein Zeichen von Unreife.

Frei leben

Im Umgang mit anderen Leuten sollten wir diese Menschen immer als geistige Wesen sehen und sie niemals wegen ihrer Unzulänglichkeiten und Schwächen verdammen. Es gibt keine bösen Menschen — aber es gibt Menschen, die getäuscht sind, und ihre Täuschung ist die Ursache ihrer Probleme und selbstzerstörerischen Gewohnheiten.

So ist es für uns hilfreich, auf Menschen, deren Benehmen uns nicht zusagt, einfach nicht zu reagieren. Wir mögen das Verhalten einer Person oder deren Einstellung uns gegenüber nicht gutheißen, wir müssen jedoch nicht darauf reagieren. Wir können Menschen meiden, die darauf aus zu sein scheinen, Schwierigkeiten zu machen. Wenn wir mit solchen Menschen arbeiten müssen, sollten wir uns auf das Geschäftliche beschränken, ohne uns emotionell verwickeln zu lassen. Wenn wir auch nicht alle Menschen lieben, so können wir sie doch akzeptieren und ihnen erlauben, sich auf ihre eigene Weise zu entfalten. Tatsächlich ist es so, daß der Strahl Gottes, der als der andere Mensch erscheint, wirklich ein Strahl von mir ist. Es gibt nichts außerhalb von mir im absoluten Sinn.

Es heißt, daß es keine Verdammung im Christus-Bewußtsein gibt. Und wenn wir Christus-bewußt sein möchten, müssen wir frei von Verdammung sein. Unsere Augen müssen zu rein sein, um Begrenzung und sogenanntes Böses zu erblicken. Durch Läuterung unseres eigenen Blickes sehen wir Gott überall. Vorzugeben, Gott an einigen Plätzen zu sehen und nicht an allen, in einigen Menschen und nicht in allen, ist Täuschung. Ungeachtet unserer Hautfarbe, unserer ererbten Neigungen, unserer gesellschaftlichen Stellung oder unserer Gott-Bewußtseinsstufe — wir sind im Wesen alle gleich — wir sind Strahlen des gleichen Lichts.

Was für eine Freude, über die Persönlichkeit und Engstirnigkeit hinauszuwachsen. Was für eine große Erleichterung, frei zu leben! Dies ist so einfach wie unsere Bereitwilligkeit, unsere Aufmerksamkeit zu verändern und einen neuen überlegenen Blickpunkt anzunehmen. Niemand kann uns davon abhalten, frei zu sein, weil niemand unsere Gedanken und Einstellungen bestimmen kann. Wir allein können dies, und wir müssen niemand dafür um Erlaubnis fragen oder etwas dafür bezahlen. Dies ist frei und zur Entgegennahme bereitgestellt.

Wozu werden wir angehalten, wenn wir uns dafür entscheiden, den gesamten Weg auf dem geistigen Pfad zu gehen? Alle begrenzenden Dinge, alle falschen Vorstellungen, Vorurteile, verdrießlichen Theorien und Konzepte müssen schwinden, kurz alles, was uns in Finsternis hält. Nichst ist jedoch verloren, weil wir im Loslassen feststellen, daß wir die Reichtümer des Himmels besitzen. Ich weiß, daß viele Angst vor dem Loslassen haben, weil sie nicht wissen, was sie zu erwarten haben. Ich betone immer wieder die Grundregeln des geistigen Lebens. Wenn wir unserer Überzeugung treu bleiben und tun, was wir tun sollen, um auf dem Pfad zu bleiben, kommen wir schnell vorwärts und erreichen das Ziel der Selbstverwirklichung.

Soweit ich weiß, erkennt jeder Meister diese Regeln an und lehrt sie. Sie dienen der stetigen Weiterentwicklung. Sie sind universal anwendbar, und Ergebnisse werden garantiert.

Du siehst, von uns wird nicht erwartet, ein Genie zu sein, um geistig voranzukommen. Wir haben lediglich dem Weg zu folgen, wie er von Erleuchteten vorgegeben ist. Sie allein kennen den Weg zu Gott. Sie sind ihn gegangen. Wenn wir ihren Vorschlägen folgen, stimmen wir uns auf die Stufe ihres inspirierten Bewußtseins ein und treten bald dem Bund vollerwachter Seelen bei, die wissen, daß sie in Gott sind und Gott in ihnen ist.

Es gibt nichts Verborgenes, was sich nicht enthüllen wird. Es gibt nichts, was Du wissen mußt und nicht erfahren kannst, da Du der Wissende bist, der Wissensakt und das, was es zu wissen gibt. Du bist alles, und sicherlich kennst Du Dich selbst. Gerade jetzt auf irgendeiner Stufe Deines Seins, weißt Du alles, was es zu wissen gibt. Durch Kontemplation der grundlegenden Wahrheit wird Dein Seelenwesen mehr und mehr erwachen und Du wirst eines Tages erkennen, daß das wahr ist, was ich Dir in diesem Moment sage.

Dies ist eine gute Gelegenheit für Dich, Deine Situation neu einzuschätzen, um zu prüfen, ob Du nach bestem Vermögen die Regeln beachtest, die ich in diesen Lektionen empfohlen habe. Wenn nicht, nimm Dir jetzt vor, Ordnung in Dein Leben zu bringen gemäß Deinem anfänglichen Plan der Selbstdisziplin — und gehe von dort aus weiter. Wenn Du irgendwelchen Problemen gegenüberstehst, prüfe

Dich innerlich und beobachte, ob Du vom Weg abgekommen bist. Und wenn es so sein sollte, veranlasse die notwendigen Veränderungen zum Besseren.

Gib mehr von Dir selbst, handele nach göttlicher Eingebung, lebe als ob Du gegenwärtig schon von allem überzeugt wärest, was Du insgeheim von Dir als ein geistiges Wesen als wahr erkennst. Auf diese Weise wird Dein Leben verändert und ein entscheidender Schritt in die Richtung weltweiten Wohlwollens getan.

● ● ●

„Wie ein gottbewußter Mensch befolge ich die Regeln des geistigen Lebens. Ich bringe meine Gedanken, Gefühle und Handlungen in Übereinstimmung, und ich tue immer die Dinge, die ich gemäß der Führung durch das unendliche Gemüt tun soll."

17

Wie man die Täuschung der Sinne durchschaut

Die „Täuschung der Sinne" zu durchschauen, ist die größte Herausforderung für uns alle auf dem geistigen Pfad. Die „Täuschung der Sinne" ist die Finsternis (siehe mein Buch „Die Macht der Seele — Erlebte Wirklichkeit"). Die Finsternis ist eine Umwandlung reinen Seins, die erzeugt wurde, um die Schöpfung hervorzubringen. Sie besteht aus Kraft, Zeit, Raum und Lichtpartikeln. Durch Umwandlung seiner selbst war das Absolute fähig, durch die ihm eigene „Selbstschöpfungsmacht" als Schöpfung zu erscheinen.

Alle mit der Finsternis identifizierten Seelen sind sich ihres vollkommenen Wesens nicht gewahr. Immer wieder betonte Jesus die Wichtigkeit, die Welt zu überwinden. Er sprach davon, die Täuschung der Sinne zu durchschauen, die allein uns in Fesseln hält. Buddha erkannte diese Wahrheit während seiner Erleuchtung. Er sah die Notwendigkeit für die Menschen, ihr eigennütziges Flehen aufzugeben und zu lernen, immer im Einklang mit dem unendlichen Willen zu leben, wenn Freiheit erreicht werden sollte.

Für den Durchschnittsmenschen ist es nicht leicht zu verstehen, daß die Welt, die durch die Sinne wahrgenommen wird, eine Welt der Reflexionen ist — eine Welt der Erscheinung — von den himmlischen Sphären widergespiegelt. Es ist so, als ob wir in einen Spiegel sehen und unsere Reflexion erblicken — und dann diese Reflexion *werden.* Wenn wir mit der Reflexion gänzlich identifiziert sind, vergessen wir unser wahres Wesen. Das ist bei den meisten Menschen auf Erden heute der Fall: Sie identifizieren sich mit einer Reflexion der Wirklichkeit und haben ihr vollkommenes Wesen vergessen. „Wir sind auf die Erde gekommen und haben den Himmel vergessen".

Zwei „Realitäten"

Der Durchschmittsmensch nimmt seine Welt wahr, die solide und ziemlich stabil erscheint. Wenn er ein wenig mehr erwacht, wird er sich auch einer anderen Realität bewußt — etwas darüber —, und er ist verwirrt. „Welche ist die wirkliche Welt?" Das ist die Frage. Die wirkliche Welt sind die himmlischen Bereiche, in denen alle Muster und Vorstellungen liegen — wo es nur vollkommene Freude und Frieden gibt. Die äußeren Bereiche, obwohl sie real erscheinen, sind nur eine Reflexion *dessen,* was ewig und unveränderlich ist. Wir wissen zwar, daß dies so ist, unser Widerstand jedoch, dies völlig zu akzeptieren, verursacht innere Spannung und große Unruhe.

So sind wir gespalten — welchem Pfad sollen wir folgen? Sollen wir materialistisch bleiben oder der Welt entsagen und dem Ruf des Geistes Beachtung schenken?

Denke darüber nach — bist Du an die Trägheit gekettet? An die ausströmende Kraft, die Schwere verursacht, Stumpfsinn und Untätigkeit? Bist Du an die Überzeugung in Zeit und Raum gebunden? Meinst Du, in den gegenwärtigen Bedingungen oder Situationen verankert zu sein? Fühlst Du Dich verpflichtet, zu bleiben wo Du bist — in Deiner Gemeinde, Stadt oder in Deinem Staat? Bist Du ein Opfer Deiner Umstände?

Wir sind entweder Sklaven oder Meister — oder befinden uns irgendwo dazwischen. Vielleicht erkennst Du, daß Du teilweise Sklave (von Umständen) oder teilweise Meister (Deiner Bestimmung) bist. Vielleicht bist Du Dir des Konflikts zwischen der Schwermut und der Heiterkeit in Deinem Wesen bewußt — dem Drang aufzugeben und dem Drang nach großartigem Erfolg. Dieses Dilemma zwischen Polaritäten ist in jedem von uns und bekundet sich im Lebens- oder Todeswillen. Wir bewegen uns von der Begeisterung zur Verzweiflung — von der Hoffnung zur Aussichtslosigkeit. Das ist der durchschnittliche Weg des Lebens. Das ist das Gesetz des Durchschnitts — das ist der Weg „allen Fleisches".

Es gibt jedoch auch einen anderen Weg. Es gibt den Weg, der zu vollkommener Freiheit führt! Welcher Weg das ist? Es ist der Weg der Meister, der Heiligen und der Weisen aller Zeiten! Es ist der Weg, der sich schon in aber Tausenden von Menschen bewiesen hat!

Außer der Überwindung unserer „eingebauten" Begrenzungen (unserer Identifikation mit Finsternis — Maya — oder der Täuschung der Sinne) haben wir noch andere Dinge zu überwinden oder aus unserem Bewußtsein zu tilgen. Die zu überwindenden Dinge sind die acht Hindernisse zur Selbstverwirklichung:

1. Haß

Extreme Abneigung ist Haß. Haßt Du irgendetwas oder irgend jemand? Stößt Dich eine Sache oder ein Mensch ab? Ein solches Gefühl ist eine Barriere vor der Selbstverwirklichung. Es ist eine mental-emotionale Blockierung auf dem Weg zur Freiheit. Der Schlüssel ist, zu vergeben und zu vergessen — vollkommen.

2. Scham

Schämst Du Dich wegen irgendwelcher Gedanken oder Handlungen? Der Weg zur Freiheit erfordert, entweder die Gründe Deiner Empfindungen und Gedanken verstehen zu lernen, falls Du unter einer Täuschung leidest — oder solche Empfindungen und Gedanken aufzugeben. Viele Menschen schämen sich ihrer selbst wegen unrichtiger Erziehung in frühen Jahren. Ihre Gefühle sind dann das Ergebnis falscher Voraussetzungen.

3. Furcht

Wovor fürchtest Du Dich und warum? „Derjenige, der an dem geheimen Ort des Allerhöchsten verweilt, wird unter dem Schutz des Allmächtigen bleiben". Ist irgendetwas „außerhalb" von Gott? Gibt es irgendetwas anderes als Gott in Manifestation? Gibt es irgendwelche Spuks, Kobolde, negative Menschen oder was sonst, um Dir zu schaden? Dann erkenne alles als Ausdruck Gottes und sei für immer frei.

4. Kummer

Was verursacht Sorgen? Fragst Du, warum Dinge vergänglich sind? Das liegt in der Natur der Dinge. Wenn Menschen in dieser Welt „sterben", so ist das nur einstweilig. Leben währt ewig. Leben hört nie auf. Es ändern sich lediglich die äußeren Erscheinungen. Seelen leben jedoch ewig. Wegen jener zu leiden, die den Körper verlassen haben, ist Unwissenheit, Täuschung, das Ergebnis falscher Information. „Beweise" des Überlebens zu suchen oder zu versuchen, mit den Dahingegangenen Kontakt aufzunehmen, ist Unsinn und führt zu nichts. Unser Ziel ist Selbstverwirklichung und Erleuchtung.

5. Verdammung

Was gibt es zu verdammen? Alles ist anziehend für irgendjemand. Wenn wir die Schönheit einer Sache, einer Situation oder eines Menschen nicht sehen, bedeutet das nicht, daß auch andere sie nicht sehen. Wir müssen lernen, auf der Ebene unserer eigenen Aufnahmefähigkeit zu leben — auf der Ebene unseres eigenen Blickpunktes. Wir müssen lernen „zu leben und leben zu lassen". Wir müssen dazu fähig sein, anderen Menschen das Recht zuzugestehen, so zu leben, wie sie es für richtig halten. Das ist der Weg zur Freiheit. Wir haben nicht alle die gleiche Ebene des Verstehens. Wir müssen lernen, andere das durchleben und erfahren zu lassen, was wir schon durchgemacht haben. „Es gibt keine Verdammung für jene, die in Christus sind." (Es gibt keine Verdammung für jene, die sich der Christus-Bewußtseinsebene des Verstehens erfreuen).

6. Rassenvorurteile

Es ist nur ein „zufälliges Ereignis", daß wir in der Rasse geboren sind, in der wir uns vorfinden. Von wem wird unsere Geburt vorbestimmt? Warum sind wir hier? Wegen der Hautfarbe oder der Abstammung voreingenommen zu sein, ist ein Zeichen der Unwissenheit. Wir sind entweder wegen eines unterbewußten Wunsches oder wegen unserer „Unwissenheit", darüber, was es zur Folge haben könnte, in einer Rasse geboren. Ja, es gibt Menschen, mit denen wir lieber nicht verkehren würden. Das ist jedoch mehr eine Sache des Geschmacks und der Wahl als der Hautfarbe oder der „Gerüchte" über die Abstammung. Der Mensch ist mehr als äußere Erscheinung und Ruf.

Bist Du voreingenommen? Welche Gründe hast Du dafür? Ich wäre dankbar, diese zu erfahren!

7. Familienstolz

Es gibt Familien, die durch Generationen hindurch der Menschheit geholfen haben. Wenn Deine Familie nicht besonders hilfreich war — was ist dann der Grund für Stolz? Einige Menschen sagen: „Unsere Leute haben den Revolutionskrieg bestritten!" Unsinn! Was hat das mit Dir zu tun? Was haben die Handlungen der Vorfahren, ob sie nun gut oder schlecht waren (das ist Ansichtssache), mit Dir und Deinen gegenwärtigen Lebensbedingungen zu tun? Warum stolz oder beschämt sein? Du bist *DU* — heute, hier und jetzt. Das allein zählt.

8. *Selbstgefälligkeit oder Selbstgerechtigkeit*

Bist Du schon einem Menschen begegnet, der sagte: „Wir (das heißt ihre Kirche, Gruppe oder Organisation) besitzen die Wahrheit?" Manchmal ist es leicht, in die Falle zu gehen und ein Glaubender zu werden, anstatt ein Wissender und daher selbstgerecht zu werden und sich deshalb überlegen zu dünken. Diese Einstellung fixiert den Verstand und hält den wahrhaftigen Geist von Überlegungen ab, die zur Selbstverwirklichung führen könnten.

Diese acht Dinge sind die Barrieren zur Freiheit und müssen aus dem Bewußtsein gelöscht werden. Das mag einige ehrliche Selbsterforschung kosten, aber es kann getan werden. Es muß getan werden! Der Weg, der zum bewußten ewigen Leben führt, ist nicht leicht. Wir müssen alles aus unserem Wesen entlassen, was im Weg steht. Dies erfordert totale Umwandlung auf allen Ebenen. Keine Entschuldigungen sind erlaubt. Kein Rationalisieren.

Denke darüber nach. Gibt es etwas in Dir, das einer Änderung bedarf? Gibt es etwas, das Du tun solltest, um Dich geistig zu entfalten, das Du nicht tust?

Wenn Du bei einem Problem Hilfe brauchst oder weiteren Rat, wie Du Deine Gedanken und Gefühle ändern solltest, dann meditiere. Oder, falls erforderlich, schreibe mir einen Brief, und ich werde diese Dinge mit Dir erörtern.

• • •

„Heute erfreue ich mich an meiner neu gefundenen Freiheit, die ich verwirklicht habe, weil ich alle Gedanken und Gefühle der Begrenzung und Engstirnigkeit abgelegt habe. Befreit aus den Fesseln der Vergangenheit erlebe ich mich als einen Sohn Gottes, und ich lebe von Augenblick zu Augenblick in der Einstellung des vollkommenen Vertrauens zum Unendlichen."

18

Praktische Anwendung der Lektion 17

Nun sind wir für die praktische Anwendung bereit, die Täuschung der Sinne zu durchschauen. Wir sind bereit, auf der höchsten und klarsten Stufe des Verstehens zu leben und unsere neue Einsicht zu veranschaulichen.

Laßt uns in die Arena unseres täglichen Lebens hineingehen und sehen, wie uns unsere neue Einstellung auf allen Ebenen helfen kann. Laßt uns das immer mit der Einstellung tun, daß wir Söhne Gottes sind — jetzt im Himmel lebend.

Im Himmel, der Welt der Wirklichkeit, ist alles vollkommen, harmonisch und vollständig. Es gibt keine Verzerrung, keinen Konflikt oder Mangel. Wenn wir das sogar während unserer Verkörperung „erkennen" können, wird sich diese Erkenntnis in unserem Leben und in unserer Umgebung widerspiegeln.

Das ist der erste Schritt: Im Gewahrsein der Selbstvollkommenheit und Erfüllung verankert zu sein — auch wenn äußere Bedingungen gegenwärtig gerade das Gegenteil davon sind. Wir müssen irgendwie beginnen, wenn wir in unserem Leben eine Änderung sehen wollen.

Sicherheit

Einer der grundlegendsten Wünsche der Menschen ist, gesichert zu sein. Wir wollen einen Platz zum Wohnen und ein angemessenes Einkommen, das unseren Bedürfnissen entspricht. Nun, betrachte dies:

Als eine Seele, ein Strahl Gottes, besitzest Du bereits alles, was Du brauchst, weil für einen Strahl Gottes immer gesorgt ist, unabhängig von der Ebene, auf der er sich ausdrückt. Du hast das Wissen um die Versorgung mit in diese Welt gebracht. Wenn Du Mangel erleidest, dann lediglich wegen einiger unterbewußter Blockierungen (ein innerer Glaube oder eine Überzeugung), daß Du des Geldes, des Hauses, der Liebe usw. nicht wert bist, oder daß Dein Karma Dich daran hindert, diese Dinge zu haben. Jede Begrenzung kommt aus dem Unterbewußtsein des Menschen.

Wenn die unterbewußten Verzerrungen beseitigt werden können und die gedankliche Einstellung korrigiert werden kann, können wir leicht an unseren richtigen Platz im Leben geführt werden und Situationen ohne Anstrengung und übermäßige Bemühung wunderbar meistern.

Denke etwa so: „Das Unendliche ist meine Versorgung — *ES* erscheint als Geld, Haus, Beförderungsmittel, als alles, was ich für ein vollkommenes Leben brauche." Da die Welt in Energieschichten erschaffen ist, die Manifestation reinen Bewußtseins sind, kann diese Energie als Materie dieser Welt formen und geformt werden. Es gibt keinen Mangel an universaler Energie oder Bewußtsein. *ES* ist überall gegenwärtig und verfügbar. So sollten wir denken und diese Einstellung beibehalten.

Wenn wir uns dafür entscheiden, auf die Verzerrungen der Welt zu sehen, und wenn wir die Gründe akzeptieren, weshalb wir die grundsätzlich notwendigen Dinge nicht haben können, dann können wir ein Leben der Begrenzung leben. Dies ist unsere Entscheidung, und jeder von uns ist frei, die Art des Lebens zu wählen, die er haben möchte.

Woraus entstehen Häuser? Woraus entsteht Geld? Woraus entsteht Nahrung? Alles hat den gleichen Ursprung: Bewußtsein. Reines Bewußtsein formt sich immer als die Dinge der Welt. Das ist die Natur des Bewußtseins. Deshalb kannst Du alle Annehmlichkeiten haben, die Du beanspruchst, ohne einen anderen zu übervorteilen oder ihm etwas abzuschlagen.

Denke niemals mehr an Mangel oder Begrenzung — an Geldmangel — Unzulänglichkeiten — Mangel an bequemen Beförderungsmitteln etc.. Denke niemals, daß die mittleren oder älteren Jahre eine Begrenzung der Freiheit seien. Wir alle erleben das, wovon wir innerlich überzeugt sind, es wert zu sein. Das ist das Gesetz.

Gesundheit

Kann Gott krank sein? Als ein Strahl Gottes solltest Du immer vollkommene Gesundheit genießen. Natürlich solltest Du auf Deine Ernährung achten, für ausreichende und richtige Bewegung sorgen, frei von Spannung und Sorgen bleiben. Solange Du dazu beiträgst, den

Körper in gutem Zustand zu halten, gibt es keinen Grund, um Deine Gesundheit zu fürchten. Die meisten Krankheiten sind psychosomatisch, also durch innere Konflikte bedingt. Eine gewöhnliche Erkältung kann zum Beispiel im allgemeinen in ein paar Stunden überstanden werden, indem wir durch Rückschau auf die vorangegangenen Stunden und Tage herausfinden, ob wir vor den ersten Erkältungssymptomen zurückgewiesen (frustriert) wurden. Ob Du etwas auf's Geratewohl versucht hast und gescheitert bist, ob Vorhaben sich nicht verwirklichen ließen, ob jemand Dich herabsetzte, oder ob Du Dich überarbeitet und nicht anerkannt fühlst: Eine Erkältung ist eine gesellschaftlich akzeptable Art, zu weinen und sich selbst zu bedauern! Wenn wir jedoch das Leben bejahen und an unserem richtigen Platz sind, läuft alles in unserem Körper harmonisch ab.

Selbstverwirklichung

Die Wahrheit ist, daß jeder von uns jetzt vollkommen und selbsterfüllt ist. Es ist keine Änderung unseres wahren Wesens erforderlich. Das Geheimnis ist, aus der Identifikation mit der Täuschung der Sinne zu erwachen und damit zu beginnen, das Leben so zu sehen, wie es wirklich ist, anstatt so, wie es uns aufgrund unserer Bedingtheit und unserer falschen Vorstellungen erscheint.

Alle unsere Bemühungen zu meditieren, zu studieren, Selbstdisziplin zu üben usw. dienen dem Zweck, das Gemüt zu klären, damit das Licht der Seele klar wahrgenommen werden kann. Deshalb ist es hilfreich, an heilige Seelen zu denken oder sich ihnen anzuschließen — es hilft uns, damit anzufangen, das Leben so wie sie zu sehen.

Der einzige Unterschied zwischen einem getäuschten und einem erwachten Menschen ist die Klarheit des Erkennens und die Tiefe des Verstehens. Eines der wichtigsten Dinge, die es bezüglich der Selbstverwirklichung zu betrachten gilt, ist unsere Einstellung vom Anbeginn unseres Suchens. Wir sollten voraussetzen, daß Selbstverwirklichung die natürlichste Erfahrung von der Welt ist. Wir sollten glauben, daß wir der Erfahrung wert sind und daß die Erweckung schnell und leicht kommen wird. Wenn wir im Denken darauf beharren, daß wir einen langen Weg zu gehen haben, daß wir zu neu auf dem Pfad sind, daß wir zu viel zu überwinden haben, arbeiten wir lediglich gegen uns selbst.

Ich empfehle nicht, daß wir uns vormachen sollten, wir seien vollständig selbstverwirklicht — noch während innere und äußere Bedingungen dem widersprechen — , jedoch sollten wir innerlich danach streben, uns jederzeit unseres wahren Wesens bewußt zu sein. Während wir uns so verhalten, werden die Tore der Wahrnehmung schließlich gereinigt, und wir werden Offenbarungen und Einsichten erhalten. Wir werden zu dem, worüber wir nachdenken. Wenn wir uns jetzt als Söhne Gottes betrachten, beginnt sich das auszudrücken. Wenn wir uns als begrenzte Sterbliche ansehen, ist dies unsere Ausdrucksebene. In jedem Falle werden wir an unserem Tun erkannt.

Disziplin, Disziplin, Disziplin

Um allzeit auf dem Pfad zu bleiben, müssen wir stets unserem Gedanken und Gefühlen gegenüber wachsam sein. Wann immer wir uns dabei ertappen, uns träge und apathisch zu fühlen oder an Mangel und Beschränkung zu denken, müssen wir eine innere Änderung vollziehen und mit dem Auge der Intuition bei ruhiger Überlegung durch alle äußeren Erscheinungen „hindurchsehen“, die nicht mit Erfüllung, Harmonie und richtigem Tun übereinstimmen. Anstatt Begrenzung, schlechte Gesundheit, Armut oder was auch immer hinzunehmen, meditiere, kläre das Gemüt, „sieh“ die Lösung und bringe sie zum Ausdruck. Das bedeutet, im Vertrauen zu leben und erwünschte Dinge und Bedingungen so zu sehen, als ob sie gegenwärtige Wirklichkeit wären.

Wenn wir genug Selbstachtung haben und es uns ernst damit ist, das Bestmögliche aus unserer Zeit in dieser Inkarnation zu machen, dann werden wir alles Unwesentliche aus unserem Leben streichen. Wir werden dem Pfad der Meister-Lehrer folgen und Menschen keine Aufmerksamkeit geben, die versuchen, uns ungefragten Rat zu geben, und die keinen Grad von Meisterschaft in ihrem eigenen Leben bewiesen haben.

Wenn wir unseren inneren Überzeugungen treu bleiben, stellen wir mit der Zeit fest, daß wir immer in der vollkommenen Erkenntnis des erfüllten Lebens leben. Wir stellen fest, daß wir nicht „versuchen“ müssen, Probleme zu überwinden oder uns oder unsere Welt zu verbessern. Wir bemerken, daß wir automatisch das vollkommene Leben leben, und wir werden auf natürliche Weise der Mensch „sein“, zu dem wir bestimmt sind. Dann leben wir in der Gnade, und der Kampf ist vorbei. Viele Menschen, die in ihrer problemzentrierten Existenz verloren sind, können sich nicht den Zustand vorstellen, in dem sie frei und erleuchtet wären. Sie meinen, erleuchtete Menschen seien Träumer und unrealistisch, den „Tatsachen" gegenüber blind. Hier und da erwacht einer. „Zwei sind im Feld, und einer wird angenommen". Es ist beinahe ebenso unmöglich, die Vision vollkommener Freiheit für den Durchschnittsmenschen zu beschreiben, wie es unmöglich wäre, eine dreidimensionale Welt einem Menschen zu erklären, der in einer zweidimensionalen Ebene lebt. Eine neue Dimension ist deshalb unbegreiflich, weil sie zu keinem bestehenden Muster paßt. Nun, die Weisen erklären: Es gibt eine andere Dimension — den Himmel, den Bereich klarer Wahrnehmung, die Welt der Wirklichkeit, die wir alle erkennen können. Während wir uns in die Erkenntnis dieser Welt hineinbewegen, entdecken wir eine vollständige Umwandlung auf allen Ebenen unseres Lebens und unseres Seins. Es „geschieht einfach".

Du siehst, es ist wichtig anzufangen, jetzt in dem Bewußtsein des Himmels zu leben, anstatt ständig zu denken, Erfüllung sei ein weitentferntes Ereignis. Wir müssen unser mentales Getriebe umschalten und aufhören, in unseren Gedanken die Gelegenheit zur Erweckung oder Belohnung in zukünfige Zeiten zu verlegen. Himmel ist hier und jetzt. Er ist für jeden erreichbar, der lernen will, die Täuschung der Sinne zu durchschauen und ihn zu akzeptieren. Das war die Botschaft Jesu: „Einige sind hier, die den Tod nicht schmecken werden, bis sie das Reich Gottes mit Macht kommen sehen." Und: „Du bist dem Himmelreich sehr nahe."

• • •

„Heute habe ich meine richtige Haltung in dieser Welt eingenommen und erfreue mich der klaren Erkenntnis des Himmels — der Erfüllung. Alle Empfindungen der Unwissenheit sind verbannt. Ich lebe im Reiche des ewigen Lichts und ewiger Freude. Als ein Sohn Gottes bleibe ich mir ständig meines göttlichen Wesens bewußt. Gott, als ich, erleuchtet die Welt."

19

Eine mystische Erklärung des Buches der Offenbarung

Wir kommen jetzt zu einem der interessantesten aller okkulten Objekte: Zur mystischen Erklärung der tiefen Meditationserfahrung von Johannes, wie er sie im Buch der Offenbarungen, dem letzten Buch im Neuen Testament, berichtet.

Bekanntlich gibt es ähnliche, fast identische Berichte von Mystikern jeden Alters und zu allen Zeiten. Wenn die Meditation tief genug ist, befähigt die eigene hellseherische Begabung den Menschen, früher oder später buchstäblich zu „sehen", wie seine verschiedenen Körper oder Hüllen miteinander verbunden sind.

Im Körper des Menschen gibt es sieben Zentren, die mit den sieben Ebenen des Gewahrseins übereinstimmen. An diesen Lebenszentren sind der physische, astrale und der kausale Körper gekoppelt oder versiegelt. Auf der physischen Ebene sind diese Zentren Nervenknoten und auf der astralen Ebene Zentren ausstrahlender Kraft. So wie der physische Körper durch den Fluß des Lebensstromes ebenso wie durch Nahrung erhalten wird, so wird der astrale Körper durch einen ständigen Lebenskraftstrom belebt.

Die Offenbarung

Wie im Neuen Testament berichtet, hatte sich Johannes zurückgezogen und meditierte über die Dinge des Geistes.

> „Ich war im Geist an des Herrn Tag und hörte hinter mir eine große Stimme wie eine Posaune."
> Offenbarung 1: 10
> (Bibelübersetzung der Martin Luther-Bibel entnommen.)

Nachdem Johannes seine Aufmerksamkeit nach innen gerichtet hatte, vernahm er intuitiv den Laut der kosmischen Vibration, das *OM*. Es war *hinter* ihm, fließend aus göttlichen Bereichen, aus einer Quelle hinter dem Ego, dem Gefühl des Getrenntseins. Im Einklang mit dem magnetisch anziehenden Strom Gottes und der göttlichen Liebe, wurde seine Aufmerksamkeit zum Ursprung zurückgezogen. Sich dem Sog überlassend war ihm Einsicht gegeben und er sah mit dem Auge der Intuition, mit hellseherischer Wahrnehmung, seine physische und astrale Hülle.

„Und ich wandte mich um, nach der Stimme zu sehen, die mit mir redete. Und als ich mich wandte, sah ich sieben goldene Leuchter und mitten unter den sieben Leuchtern einen, der war eines Menschen Sohne gleich, der war angetan mit einem langen Gewand und begürtet um die Brust mit einem goldenen Gürtel. Sein Haupt aber und sein Haar war weiß wie weiße Wolle, wie der Schnee, und seine Augen wie eine Feuerflamme und seine Füße gleichwie Messing, das im Ofen glüht, und seine Stimme wie großes Wasserrauschen; und er hatte sieben Sterne in seiner rechten Hand und aus seinem Munde ging ein scharfes, zweischneidiges Schwert, und sein Angesicht leuchtete wie die helle Sonne.

Und als ich ihn sah, fiel ich zu seinen Füßen wie ein Toter; und er legte seine rechte Hand auf mich und sprach zu mir: Fürchte dich nicht! Ich bin der Erste und der Letzte und der Lebendige; ich war tot, und siehe, ich bin lebendig von Ewigkeit zu Ewigkeit und habe die Schlüssel der Hölle und des Todes.“
Offenbarung 1: 12-18

Johannes sah seine eigene astrale Hülle über der niederknieenden Gestalt des physischen Körpers und sah auch die Lebenskraftzentren entlang dem Rückgrat und den die Gestalt umgebenden Lichtschein. Die astrale Hülle schien ähnlich wie der physische Körper, der Menschensohn, geformt zu sein. Das Gehirn des astralen Körpers war leuchtend weiß, und das Zentrum des dritten Auges, von wo aus positive und negative Ströme gesteuert werden, war wie eine einzige Feuerflamme. Eine goldene Aura umgab die Form, zu den Füßen hin dunkler werdend.

Das war die Wahrnehmung des astralen Körpers, der nicht vom physischen Körper abhängt, doch umgekehrt hängt der physische Körper vom astralen Körper ab. Ein Gefühl unsterblichen Lebens durchdrang das Bewußtsein des Johannes, als er in die innere Erfahrung versank. Daß er ganz richtig die sieben Lebenszentren und ihre Energien wahrnahm, ist klar im folgenden offenbart:

„Das Geheimnis der sieben Sterne, die du in meiner rechten Hand gesehen hast, und die sieben goldenen Leuchter: Die sieben Sterne sind Engel der sieben Gemeinden; und die sieben Leuchter, die du gesehen hast, sind sieben Gemeinden.“
Offenbarung 1: 20

Die *Engel* sind die kontrollierenden Lebensströme, die durch die vorhandenen Zentren fließen, um die Körper zu erhalten. Wenn diese Zentren geöffnet oder belebt sind, wird das menschliche Bewußtsein immer klarer und ist fähig, die sieben Ebenen der seelischen Entfaltung und die sieben Hauptpläne des Bewußtseins zu verstehen. Dies wird die Leiter der Selbstverwirklichung genannt, die der Mensch aus den Fesseln zur Befreiung von Stufe zu Stufe erklettert.

Im cerebrospinalen Nervensystem (Gehirn und Rückgrat) angeordnet, dienen die Lebenszentren als Verteilungspunkte für den niederfließenden Lebensstrom. Sie haben folgende Lage: im oberen Gehirnzentrum (Scheitel), der Körperbatterie oder dem Hauptzentrum der Kraft; im Zentrum des dritten Auges, dem Punkt, an dem die Lebenskraft durch die Medulla (Rückenmark) verteilt wird; ferner im Halszentrum, Rückenzentrum, Lendenzentrum, Kreuzbeinzentrum und im Steißbeinzentrum.

Wir brauchen nicht zu versuchen, diese Zentren durch Konzentration zu erwecken, denn wenn wir immer in der Erkenntnis unseres göttlichen Wesens ruhen, werden die Lebenskräfte automatisch aktiviert.

Johannes setzte seine Meditation fort und gelangte über die Vision der niederen Körper hinaus. Er wurde fähig, über die niederen Bereiche zu steigen und durch das Tor in den inneren Bereich zu gelangen. In diesem Moment nahm er das innere Wirken des Geistes wahr, das alle Ebenen der Schöpfung aufrecht erhält.
(siehe Offenbarung 4: 1-6).

Diesen wahren Ursprung erblickend, nahm er die nach außen strahlenden Ströme der Kraft einschließlich der 24 Prinzipien des Geistes wahr, die als die 15 subtilen Elektrizitäten, die fünf groben Elemente plus Ego, Gefühl, Denken und Intelligenz wahrgenommen werden. Eine von der Schöpfung gelöste Seele kann alle Kräfte wahrnehmen, aus denen die Schöpfung geformt ist.

Er erkannte auch die sieben in die Schöpfung verwobenen Hauptgliederungen Gottes als die Geistwesen vor dem Thron, die für die sieben Ebenen der manifestierten Schöpfung verantwortlich sind. Er begriff auch die Natur der Finsternis, Maya, die Täuschung der Sinne. Er nannte sie die „vier Tiere", weil der Mensch, der sich mit der Täuschung der Sinne identifiziert, der geistigen Wahrnehmung nicht vollkommen mächtig ist und die Wahrheit nicht erkennen kann. Die vier Bestandteile der Maya sind, wie Du Dich erinnern wirst: Bewegung, Zeit, Raum und Lichtpartikel.

Die Erfahrung des Johannes ist die wahre Taufe des Menschen. Der Menschensohn ist die mit diesen vier Bestandteilen der Finsternis identifizierte Seele. Als solcher ist er Nachkomme der Täuschung. Das Wort Mensch (englisch = man) kommt aus dem Sanskrit *Manus* = „die vier Ursprünge". Wenn die Aufmerksamkeit des Menschen in tiefer Meditation völlig nach innen gerichtet ist, erkennt er den wahren Ursprung und die Realität aller äußeren Erscheinungen und ist im Frieden mit sich selbst. Er fordert nichts von der äußeren Welt zu seiner Befriedigung oder zu seinem Glück. All das kann, noch während wir verkörpert sind, erkannt werden, wenn die Tore der Wahrnehmung geläutert sind. Deshalb wurde der geistige Körper des Menschen mit seinen Elektrizitäten als ein versiegelter Schrein des Wissens beschrieben.

„Und ich sah in der rechten Hand dessen, der auf dem Stuhl saß, ein Buch, inwendig und auswendig beschrieben, versiegelt mit sieben Siegeln."
Offenbarung 5: 1

Geheimnisse, die nur wenigen offenbart worden sind

Nicht alle Menschen sind fähig, diese Wahrheit zu erfassen. Viele Suchende, die mit dieser Information konfrontiert werden, neigen zu dem Gefühl „sie seien noch nicht bereit" oder „es sei für sie zu hoch". Sie kann jedoch leicht verstanden werden, wenn wir uns der Sache mit der richtigen Einstellung nähern. Unsere Einstellung sollte sein, daß „wir alles wissen können, was es zu wissen gibt", und dann sollten wir die Einsichten kommen lassen. Und sie werden kommen — das Ergebnis heißt *Freiheit* als Folge des Verstehens. Ich mag diesen Punkt schon einmal erwähnt haben, in jedem Falle bedarf er der Wiederholung: Ich habe das Neue Testament erst dann wirklich verstanden, nachdem ich die Bhagavad-Gita und die Yoga-Schriften studiert hatte. Was die Schreiber des Neuen Testaments nur andeuteten, das verkündeten ehemals die weisen Menschen des Ostens klar und in einer leicht verständlichen Sprache. Die Tatsache, daß Blut durch den Körper fließt und daß Nervenströme mit elektrischen Geräten gemessen werden können, war vor mehr als 400 Jahren noch nicht „entdeckt". Die damaligen Seher schrieben schon Bände über die Anatomie des physischen Körpers, die zeigen, daß sie die Mechanik der Blutzirkulation ebenso klar verstanden wie das Fließen der Nervenenergien und die Wechselwirkung aller mentalen und physischen Organe. Nichts ist neu — es wird lediglich enthüllt!

Was heute „moderne" psychosomatische Medizin ist, war vor dreitausend Jahren in Ägypten und Indien ein „alter Hut". Die meisten „modernen " Entdeckungen sind lediglich „neu frisierte" Enthüllungen bekannter Tatsachen. Ich erwähne das nicht, um neue Einsichten gering zu schätzen. Wir treten gerade in den neuen elektrischen Zeit-Zyklus ein (siehe „Die Macht der Seele".) Die Wahrheit ist bekannt, war immer bekannt, und das ist wunderbar!

Die Offenbarungen, die Johannes hatte, die Einsichten, die die Weisen gehabt haben — sie alle sind jedem einzelnen von uns zugänglich gemäß seiner Beharrlichkeit, zu forschen und nach innen zu sehen. Das ist alles, was verlangt wird: Beharrlichkeit und tiefe Kontemplation der letzten Wahrheiten des Lebens. Der sichere Weg ist die Beachtung der vier Gesetze des geistigen Lebens: Selbstdisziplin, richtiges Studium, Meditation und beständiges Vertrauen auf Gott.

• • •

„Heute lebe ich in dem Bewußtsein Gottes. Ich weiß, daß alle Einsichten und Offenbarungen hervortreten, wenn ich mich an die göttliche Ordnung halte und in Harmonie mit meinen sich entfaltenden Wahrnehmungen bin. Jeden Augenblick schreite ich im vollkommenen Gewahrsein Gottes — gelassen, in meiner Mitte ruhend, glücklich und erfüllt. Das Himmerreich ist gegenwärtig."

20

Techniken für eine tiefere Meditation

Laßt uns ein paar Techniken betrachten, die die Meister durch die Zeitalter hindurch lehrten und die entwickelt wurden, um einen Geistesschüler in tiefere Ebenen des Bewußtseins zu führen.

Die gesamte Schöpfung, von den subtilen bis zu den groben Ebenen, besteht aus Energieschichten, und Energie kommt aus dem Bewußtsein. Wenn wir unsere Aufmerksamkeit auf die Quelle zurückführen, bewegen wir uns durch dichtere Bewußtseinsschichten, bis wir des reinen Seins gewahr werden — des reinen Bewußtseins. Das ist der Zweck der Meditation.

Eine der ergebnisreichsten Techniken, die je aufgezeigt wurden, und eine der leichtesten zum Üben, ist die Hong-Sau-Technik. Die Worte *Hong Sau* (hong-soh) stammen aus dem Sanskrit und besitzen einen Vibrationseffekt, der das Gemüt beruhigt.

Wenn wir in die Meditation eingehen und das Gemüt noch ruhelos ist, richten wir lediglich die Aufmerksamkeit (und die Augen) auf das Zentrum des dritten Auges an der Stelle zwischen den Augenbrauen und werden uns der Tätigkeit des Atmens bewußt. Wenn der Atem einströmt, singen wir mental *hong* — wenn der Atem ausströmt, singen wir mental *soh*. Bemühe Dich nicht, den Atem zu kontrollieren. Beobachte lediglich seine Tätigkeit während des mentalen Singens mit ein- und ausströmendem Atem — wie beschrieben. Wenn Du möchtest, fühle, daß der Atem durch das Zentrum des dritten Auges ein- und ausströmt. Natürlich fließt er nicht durch dieses Zentrum, jedoch bleibt durch diese Art der Konzentration die Aufmerksamkeit im Verlauf der Meditation auf diese Stelle gerichtet.

Diese Methode kann mit guten Ergebnissen 15 Minuten lang bis zu einer Stunde oder länger geübt werden. Ihr Zweck ist es, das Gemüt zur Ruhe zu bringen, weil sich nur dann wirkliche Ergebnisse während der Meditation zeigen können, *wenn das Gemüt ruhig ist und sich die Aufmerksamkeit darüber hinaus erheben kann.* Die Technik ist keine Magie. Sie bietet Dir lediglich eine Methode, womit Du ruhelose

Gedanken in der Tat unter Kontrolle bringen und den Körper entspannen kannst.

Nachdem das Gemüt ruhig ist, kannst Du auf die Methode verzichten und im Gewahrsein des inneren Friedens, der Wonne und des reinen Seinszustandes verweilen. Der Zweck aller Techniken ist es, uns in den Bereich über das Gemüt zu bringen, so daß die Intuition erwachen und sich die Herrlichkeit der Seele offenbaren kann.

Beinahe-Atemruhe während der Meditation

Es ist nicht ungewöhnlich wahrzunehmen, daß die Atemtätigkeit während der Meditation beinahe aufhört. Das ist kein Grund zur Unruhe. Tatsache ist: Wenn wir entspannt sind und die Aufmerksamkeit und die Energien nach innen fließen, gibt es im Organismus keinen großen Bedarf an Sauerstoff. Obwohl wir im normalen Wachbewußtsein gewöhnlich zwischen 15 und 20 mal in der Minute atmen, wurde bei Menschen während tiefer Meditation beobachtet, daß sie nur ein- bis zweimal in der Minute atmen und der Atem sehr flach ist.

Manchmal scheint es, daß der Atem für mehrere Sekunden oder sogar Minuten ganz aufhört. Wenn Du während Deiner Meditation bemerkst, daß Du scheinbar am Ende einer Ein- oder Ausatmung ganz *natürlich* pausierst, dann nutze diese Augenblicke der Atemruhe, um tiefer in die Meditation einzutauchen. Mein Urgroß-Guru, Lahiri Mahasaya, lehrte seinen Schülern diese „Ruhepause", eine Meditations-Technik, wegen der sieben Lebenszentren in dem cerebrospinalen System. Im gewöhnlichen Wachbewußtsein fließt der Lebensstrom entlang der Nervenkanäle im Rückgrat durch die niederen sechs Zentren abwechselnd ab- und aufwärts. Dieser abwechselnde Fluß, dieser positive und negative Lebensstrom, ist mit der Atem- und Gemütstätigkeit verknüpft. Wenn diese Ströme fließen, atmen wir, und das Gemüt ist angeregt. Wenn die Ströme neutralisiert sind und für eine Zeitlang zu fließen aufhören, hört die Atemtätigkeit auf, und das Gemüt wird von selbst ruhig. Beobachte diese Augenblicke der Atemruhe und sieh, ob es nicht wahr ist.

Fürchte Dich nicht, falls die Atemtätigkeit für längere Zeit aufzuhören scheint: Wenn der Körper Sauerstoff benötigt, werden die Kontrollzentren im Gehirn automatisch wieder mit der Atemtätigkeit beginnen.

Der Tunnel der Ewigkeit

So wie wir mehr und mehr verinnerlicht werden, die Atemtätigkeit sich verlangsamt und unsere gesamte Aufmerksamkeit und alle Lebenskräfte in das Zentrum des dritten Auges fließen, beginnt die innere Einsicht zu erwachen. Möglicherweise siehst Du jetzt inneres Licht oder hörst den inneren Ton, wie ich es von Johannes in der vorangegangenen Lektion wiedergab und wie es alle Mystiker beschrieben haben.

Wenn das Gemüt ruhig und die Aufmerksamkeit gesammelt ist, nimmst Du vielleicht im Zentrum des dritten Auges einen goldenen Strahl wahr mit einem dunkelblauen Zentrum und einem weißen Licht in dessen Mitte. Das ist die Verdichtung der Dreieinigkeit: Weiß ist reines Bewußtsein, blau ist das Licht der universalen Intelligenz (Christus-Bewußtsein), das Gold ist das Licht der kosmischen Schwingung (OM).

Wenn Du diese Lichter wahrnimmst, mache folgendes: Gib Dich zuerst dem goldenen Licht hin und versuche, dieses goldene Licht zu werden. Wenn Du den Ton von OM hörst, dann gib Dich ihm hin und fühle Dich eins mit der gesamten schwingenden Schöpfung. Wenn Du mit dieser Übung erfolgreich bist, wirst Du den Heiligen Geist als Einweihung erfahren, weil der Heilige Geist ein anderer Begriff ist für Heilige Vibration — OM oder Amen.

Nun, um sicher zu sein, wirst Du vielleicht am Anfang Deiner derartigen Kontemplation ein wenig Deine Imagination mitbenutzen — dennoch wird dies Dein Gemüt erweitern und neue Bereiche des Bewußtseins öffnen. Während Du so vertrauensvoll übst, wirst Du eine Art Verwandtschaft mit allem Leben und ein wirkliches Einssein mit dem Universum fühlen. Diese Erfahrung bewirkt Harmonie, Frieden und vollkommene Kommunikation mit allen Menschen und Dingen. Das ist der erste Schritt in die Richtung kosmischen Bewußtseins, deshalb übe regelmäßig.

Dann gib Dich dem blauen Licht hin, gib Dich selbst hinein, verschmelze mit ihm und fühle Dich eins mit der universalen Intelligenz durch den gesamten Raum — in und durch alle Dinge. So wird das Christus-Bewußtsein in Dir erwachen, und Du kommst auf Deinem Weg zur Freiheit gut voran. Es gibt eine Intelligenz, die das Universum durchdringt und die Dinge in göttlicher Ordnung hält. Wir können uns auf sie einstimmen und den Beweis dieser Übereinstimmung in unserem Leben reflektiert sehen als innere Führung, Einsicht, Friede und Unbegrenztheit usw.

Schließlich gib Dich dem weißen Licht hin und fühle Dich von der magnetischen Kraft angezogen, der wahren Quelle, der Erkenntnis des reinen Seins. Dann wird das Gewahrsein des reinen Seins oder der Existenz anhalten. Das ist der höchste Samadhi oder die Verwirklichung des Einsseins.

Ziehe Gewinn aus Deinen inspirierten Augenblicken

Wie Du weißt, fühlen wir uns nicht immer inspiriert, mit Begeisterung zu meditieren. Es gibt jedoch Zeiten, in denen das Bedürfnis „über uns zu kommen scheint" und es leicht ist, sich nach innen zu wenden. Nutze diese Zeiten zu Deinem Gewinn, indem Du länger oder häufiger meditierst.

Vielleicht kannst Du an einem Wochenende oder im Urlaub mehr Zeit in tiefer Meditation verbringen oder eine Weile alleine bleiben, um Dein Bewußtsein von tiefen Gedanken oder Intuitionen durchfluten zu lassen. Vielleicht erwachst Du auch mitten in der Nacht, erfrischt und hellwach, mit dem Bedürfnis zu meditieren. Bleibe in einem solchen Augenblick entweder im Bett liegen und richte die Aufmerksamkeit nach innen, oder stehe auf und setze Dich auf einen bequemen Stuhl zur Meditation. Die Nacht, in der die Natur ihre Kräfte zu einer Erholungspause nach innen zurückzieht, ist oft eine besonders gute Zeit, tief zu meditieren. Die Lebensströme haben zu dieser Zeit die Tendenz, nach innen zu fließen, und außerdem sind wir auch nicht durch Lärm oder äußere Tätigkeiten abgelenkt. Wir sind allein, wie es im Universum wäre. Allein mit unseren Gedanken — und sobald wir über die Gedanken hinaus gelangen, allein mit Gott.

Es ist nicht gut, mit anderen zuviel über unsere tiefen inneren Erfahrungen zu sprechen. Dies verwässert sie und nimmt ihnen ihre „besondere" Art. Natürlich ist es immer gut, sich frei zu fühlen, mit dem Guru oder wahren Lehrer innere Dinge zu besprechen oder über ähnliche Erfahrungen der Mystiker zu lesen, um Bestätigung zu finden und neues Verständnis zu erreichen.

Innere Erfahrungen reflektieren nach außen

Ein Guru kann mit einem Blick feststellen, wer mit Ergebnissen meditiert hat, weil das eine Gelassenheit bewirkt, eine Ausgeglichenheit, eine Aura der Selbstvollkommenheit. Außerdem bringt es ein gewisses Leuchten in die Augen. Wenn wir tief und regelmäßig meditieren, werden wir magnetisiert, und Menschen beginnen, unsere unausgesprochenen Gedanken und unausgedrückten Gefühle zu empfinden. Sie fühlen eine von uns ausgehende Kraft.

Der Weg, die Welt durch Erneuerung der Menschheit zu verändern, beginnt bei uns selbst. Wenn nur ein kleiner Prozentsatz der Weltbevölkerung lernt, in Gott verankert zu sein, wird die Langzeitwirkung auf das Massenbewußtsein zum Guten führen. Das ist der Plan Gottes, die Menschheit zu befreien. In der menschlichen Gemeinschaft werden einzelne hier und dort erweckt, und das entzündet die Ladung des Massen-Karma und klärt das Massenbewußtsein. Mit der Zeit wird die gesamte Menschheit erhoben und in die Richtung der endgültigen Erleuchtung geschoben.

Deshalb ist jeder inspirierte Mensch wichtig. Es mag nicht immer so aussehen, daß wir im Umgang mit unseren Mitmenschen vorankommen. Solange wir jedoch unseren Teil tun und Erleuchtung erfahren und dann unsere Verantwortlichkeiten in der Welt erfüllen, tragen wir großartig dazu bei. Jeder von uns sollte wünschen, ein Kanal zu sein, durch den reines Bewußtsein in die Welt eindringen kann.

• • •

„Heute will ich durch die Macht der inspirierten Meditation in das Licht von OM, in das Licht der universalen Intelligenz und in das Licht des Geistes eintauchen. Indem ich in Gott verankert bleibe, will ich wieder meine Aufmerksamkeit auf diese Welt richten und als ein bewußtes Instrument des göttlichen Willens handeln."

21

Im Meister-Bewußtsein leben

Unser Ziel auf dem geistigen Pfad ist es, dahin zu gelangen, immer im Meister-Bewußtsein, im Gott-Bewußtsein, zu leben.

So viele auf dem geistigen Pfad denken im Verhältnis von Gott *und* Mensch, anstatt von Gott *sich ausdrückend* als der Mensch. Wir sehen das in ihrer Einstellung, in ihren Bemühungen, Probleme zu lösen, Bedingungen usw. durch Gebete zu ändern oder in ihrer Erwartungshaltung, Gott möge die Angelegenheiten für sie erledigen. Sie müssen lernen, eine andere Haltung einzunehmen und zu der Erkenntnis zu kommen, daß alles Leben sich als Gott ausdrückt, und zwar in diesem Augenblick! Das ist der Weg der Erfüllung! In diesem Bewußtsein gibt es keinen Gedanken oder Glauben an Mangel, Begrenzung oder Probleme! Denke darüber nach!

In den ersten Stadien lernen wir, systematisch zu beten und richtig zu denken. Wir lernen, daß entsprechend den Gesetzen des Gemüts das Bild, daß wir im Gemüt festhalten, dadurch zur Manifestierung neigt, weil unser Gemüt eine Individualisation kosmischen Gemüts ist und mit ihm übereinstimmt. Beim Fortschreiten lernen wir, Eigennutz abzulegen und uns durch die göttliche Intelligenz in allen Dingen und bei allen Gelegenheiten leiten zu lassen. Wir sollten schließlich soweit kommen, daß wir sogar niemals mehr ein menschliches Bedürfnis für uns sehen. Leben sollte ein ständiges „äußeres Bebildern" von innen her sein. Auf diese Weise leben wir in der Gnade und tun den „Willen des Vaters".

„Spreche das Wort", sonst nichts

Wenn wir im Gott-Bewußtsein, in unserer eigentlichen Bestimmung, gegründet sind und ein Schatten zeichnet sich am Horizont ab, eine Bedrohung in Form von Zwietracht, ein Problem etc., brauchen wir nur das „Wort" zu sprechen. Es ist getan! So einfach sollte es sein. Keine Anstrengung, kein Flehen, keine mentale Spannung, keinen Schwur mit Gott abmachen — lediglich eine einfache Annahme, daß Vollkommenheit das Gesetz unseres Lebens ist. Das ist alles.

Ja, in den ersten Jahren strengen wir uns an, weil wir noch nicht klar sehen. Schließlich erwachen wir und lernen. Wir erkennen die Wahrheit über das Leben. Wenn wir jedoch erst einmal im Gott-Bewußtsein gefestigt sind, ist der Kampf vorüber; die Täuschung ist gebannt. Kannst Du Dir Jesus, Buddha, Krishna oder irgendeinen Meister mit Widrigkeiten kämpfend vorstellen? Kannst Du Dir einen Meister in Mängeln und Begrenzungen vorstellen? Nun, Du bist ein Meister, im Innersten gottbewußt. Wie ein gegenwärtig populärer Schlager es ausdrückt: „Du bist jetzt ein reicher Mann!" Das ist wahr: Jetzt bist Du umgewandelt durch die Erneuerung Deines Gemüts und weil Du reich bist in den Dingen Gottes und Erfüllung das natürliche Gesetz Deines Lebens ist. Wie könnte es anders sein?

Wenn von jetzt an jemand zu Dir kommt und Hilfe braucht, wie es geschehen wird, wenn andere Dein klares Bewußtsein erkennen, brauchst Du nur ihre Behauptung der Begrenzung nicht zu glauben, sondern sie als vollkommene Wesen zu *erkennen* — so wie auch Du vollkommen bist. Nimm dies innerlich als wahr an — und denke dann niemals mehr von ihnen, sie seien auf irgendeine Art begrenzt. Es mag nötig sein, sie zu unterrichten und ihnen zu erklären, daß ihre negativen Gedanken und Gefühle ihre Probleme verursacht haben. Ansonsten gehen sie und „sündigen" möglicherweise wieder, das heißt, sie behalten ihre negativen Gewohnheiten bei und schaffen dadurch eine neue Problemsituation. Deine Aufgabe ist es, sie als freie Seelen zu sehen und sie von ihren Fesseln zu befreien.

Folge dem Beispiel der Meister

Lies über das Leben Jesu im Neuen Testament. Lies über andere erleuchtete Männer und Frauen und stimme Dich ein, auf ihre Art zu denken und auf ihre Weise auf Situationen zu reagieren. Sieh, wie leicht sie die Dinge der Welt handhaben. Wie losgelöst und natürlich ihr Leben war. Das ist für uns ein Beispiel.

Natürlich müssen auch wir uns wie die Meister von dem Druck der Welt von Zeit zu Zeit zurückziehen, um zur Ruhe zu kommen und im Anblick Gottes verankert zu sein. Solange wir in der Welt leben, neigen wir dazu, unterbewußt Gedanken und Gefühle anderer um uns herum aufzunehmen. Deshalb bedürfen wir der täglichen Meditation, um innere Harmonie beizubehalten.

Wenn wir erst einmal eine bestimmte Stufe der Verwirklichung erreicht haben, legen wir das Bemühen darum ab. Von diesem Augenblick an fahren wir lediglich fort, noch tiefere Einsichten zu gewinnen. Dies ist ganz natürlich. Wir müssen jedoch unser Bewußtsein klar halten, damit wir uns nicht mit der alten Gepflogenheit unseres Denkens und Glaubens identifizieren. Wir werden das, worüber wir nachsinnen. Wenn wir Not und Begrenzung sehen und daran glauben, werden wir uns sehr bald wieder damit identifizieren und in Fesseln leben. Wenn wir unsere Aufmerksamkeit zur Quelle fließen lassen und immer und in allen Situationen der unendlichen Intelligenz vertrauen, dann sind wir auf der richtigen Bahn.

Meister sind nicht begrenzt. Im Umgang mit anderen Menschen mögen sie mitunter menschlich und begrenzt scheinen. Innerlich sind sie sich jedoch bewußt, wer sie sind und welche Rolle sie spielen. Ein Meister kann „alle Dinge für alle Menschen sein, so daß einige gerettet werden können". Auch in der äußerlichen Anpassung bleibt ein Meister innerlich frei und wird nicht irritiert. Das ist das Geheimnis des Meister-Bewußtseins.

Ein Meister ist der höchst Entsagende. Er hat jeden Glauben aufgegeben, daß es irgendetwas gäbe, was nicht von Gott sei. Er sieht nur das göttliche Leben in unendlicher Entfaltung, und er kooperiert bewußt mit dem göttlichen Willen.

Ein Meister „entwirrt" alle verzerrten Erscheinungen, indem er durch die Schatten auf das sieht, was wirklich ist. Ein Meister weiß, daß „er im Vater ist und der Vater in ihm". Er weiß, daß er als eine Seele ein Strahl des Lichts ist — eine Individualisation des Geistes. Er weiß, daß er weder Gemüt noch Körper ist. Er ist nicht eine bedingte, karmagebundene Seele. Er ist frei.

Ein Meister ist sich immer bewußt, daß „alle Dinge von *Ihm* erschaffen wurden, und ohne *Ihn* nichts erschaffen wurde, was geschaffen wurde". Mit anderen Worten, ein Meister sieht die gesamte Schöpfung als eine Manifestation des Bewußtseins — und grobstoffliches Bewußtsein floß aus reinem Bewußtsein oder Gott und wird von ihm erhalten.

Wegen des reinen Anblicks, des Anblicks, der nichts Böses erblickt, ist der Meister ein Licht für die Welt. Er hat sich durch die Gnade Gottes von dem begrenzenden Einfluß der Maya, der Finsternis oder Beschaffenheit der Natur, selbst befreit. Er ist deshalb in der Lage, anderen den Weg aus der Finsternis durch Beispiel und Unterweisung zu zeigen. Ein solcher Mensch ist wortwörtlich „der Weg, die Wahrheit und das Leben".

Der gewöhnliche Mensch – ein selbstgefangener Meister

Der Durchschnittsmensch begrenzt sich selbst, indem er glaubt und behauptet, aufgrund des Karma, mangelnder Intelligenz, Sünde usw. verhindert zu sein. Wer sich so verhält, leistet sich einen schlechten Dienst. Lediglich mit einem Augenzwinkern zu versichern, wir seien Meister, macht uns nicht dazu. — Jedoch täglich unser wahres Wesen zu kontemplieren, führt uns zu schließlicher Erweckung. Der Abstand ist zu überwinden. Der Unterschied zwischen dem Bewußtsein des Durchschnittsmenschen und dem Meister-Bewußtsein ist nicht groß. Der einzige Unterschied ist, daß ein Meister frei von Verzerrungen, frei von Schuld, Bedauern, Groll, negativen Gedanken und Gefühlen usw. ein klares Bewußtsein hat. Ein Meister erkennt sich als ein Sohn Gottes. Ein getäuschter Mensch ist ein Menschensohn, und eben dieser muß „erhoben" werden, wenn der Mensch sich als geistiges Wesen erkennen soll.

Allmählich werden wir durch das Licht und die Kraft Gottes, unser wirkliches Wesen, umgewandelt und dieses wirkt durch uns. Mit der Zeit wandelt sich die Nacht in den Tag, und die alten Konzepte sind verbannt. Wir erheben uns über die Überzeugung von Geburt und Tod und erkennen die Wahrheit, daß wir unsterblich und über alle äußeren Erscheinungen erhaben sind.

Ein in dieser Welt lebender Meister lebt in Wahrheit im Himmel, dem Bewußtsein der Erfüllung und richtigen Handelns. Zur gleichen Zeit leben andere um ihn herum in verschiedenen Graden der Finsternis. Einige sind verwirrt, andere in Problemen verstrickt und noch andere in der Hölle — in einem Zustand von Qual und Leid. Jedoch der Himmel ist für alle, die sehen können, gerade hier und jetzt. Und der Weg, ihn zu erkennen, ist das Gemüt zu klären und alles freizugeben, was nicht Meister-Bewußtsein ist.

Denke darüber nach. Gib alle Gedanken und Gefühle frei, die nicht mit dem Meister-Bewußtsein vereinbar sind. Es ist so einfach. Ersetze Furcht durch Vertrauen, ein Gefühl von Mangel durch die Erkenntnis der Fülle, ein Gefühl der Begrenzung durch das Wissen um die schöpferische Entfaltung, Verdammen durch Vergeben, Gefühle von Schuld, Bedauern und Groll durch Freilassen, Stolz durch Menschlichkeit, Egoismus durch Uneigennützigkeit, Glauben an die Sterblichkeit durch die Erkenntnis und Annahme des ewigen Lebens, Sorgen durch Frieden des Gemüts usw..

Lerne erkennen, daß Gott — das *eine* Leben — durch Deine Lippen spricht, durch Deine Liebe liebt, durch Deine Hände arbeitet, sich durch Dich und als Du jederzeit bewegt. Dann ist all Dein Tun, wenn es spontan erfolgt und für alle Beteiligten richtig ist, ein geistiges Tun. Dann brauchst Du nicht zu versuchen, gut zu sein — Du wirst das Gute selbst manifestieren.

Die Meister leben immer im Gott-Bewußtsein. Ein großer Weiser wurde gefragt, wie er in den Samadhi (in Gott-Bewußtsein) eintritt, und er antwortete: „Wenn jemand sich als Gott erkennt, gibt es kein Hinein- oder Heraustreten."

Erinnere Dich des Gebetes von Jesus: „Und nun verkläre mich du, Vater, bei dir selbst mit der Klarheit, die ich bei dir hatte, ehe die Welt war". Das ist es. Wir sollten uns bewußt werden, wie es am Anfang war und wie es mit uns jetzt auf einer tieferen Ebene unseres Seins wirklich ist. Deshalb können wir den Rat annehmen: „Haltet Einkehr, denn das Himmelreich ist nahe". Himmel, Erfüllung, die Welt der Wirklichkeit, das vollkommene Reich, ist hier und jetzt, um es anzunehmen. Es kann nicht erworben werden. Gute Taten sichern es nicht als Belohnung. Wir erhalten es durch die Gnade Gottes. Das bedeutet, wir brauchen nur ins Meisterbewußtsein einzutreten und dann in diesem Bewußtsein zu leben.

Das jedoch hat seinen Preis: Jede Begrenzung aufzugeben, die uns daran hindert, die Wahrheit zu erkennen.

• • •

„Von Augenblick zu Augenblick lebe ich in dem Gewahrsein meines göttlichen Wesens — ich bewege mich frei durch die Schatten der Welt, ohne hineingezogen zu werden und ohne zu reagieren — ich erfülle lediglich den göttlichen Willen."

22

Eindeutige Stadien der Selbstverwirklichung

Die Frage wird oft gestellt: „Wie kann ich wissen, ob ich auf dem geistigen Weg fortschreite oder nicht?" Was sind die Zeichen der Entfaltung? Was ist zu erwarten für diejenigen, die auf dem Pfad weitergehen?

Nun, es ist wie mit jedem anderen Ziel: Wenn wir das Ziel nicht kennen, haben wir nur eine geringe Chance, es zu erreichen, weil wir die Zeichen des Fortschritts nicht kennen. Es gibt erkennbare Stadien in der seelischen Erweckung.

Der erste große Schritt für den Durchschnittsmenschen ist es, sich über die Begrenzungen des Unterbewußtseins zu erheben. Studium, Meditation und das Bemühen, innere Führung zu erhalten, führen dort hin. Mit der Zeit werden höhere Fähigkeiten des Gemüts verfügbar, und wir beginnen, *überbewußt* anstatt unterbewußt zu leben. Das bedeutet, der Strom der göttlichen Intelligenz durchdringt aus dem Seelenwesen das Bewußtsein. Anstatt nur Verstand oder Instinkt zu nutzen, wenden wir Intuition an. Das Gemüt wird dann durch das Höchste erleuchtet, und der Mensch erreicht seine Erfüllung.

Der fortgeschrittene metaphysische Schüler, der fähige Praktiker der Lehre vom Gemüt, ist auf dieser Stufe. Es gibt noch einen weiteren wichtigen Schritt: Von der Menschheit zur Gottheit. Vom Gesetz zur Gnade. Das bedeutet, daß das Ego gelöscht werden muß. Das Ego ist das Gefühl des Getrenntseins von Gott. Solange wir meinen, wir seien von Gott getrennt, solange leben wir in Täuschung. Wenn wir jedoch erst einmal durch das Tor zu den inneren Bereichen schreiten, indem wir das Ego oder das Gefühl des Getrenntseins löschen, beginnen wir in der Gnade zu wirken. Wir schaffen dann kein neues Karma mehr — keine neuen unterbewußten Modelle, die erfüllt werden müssen. Das ist der erste Schritt in die Freiheit. Wenn wir nicht lernen, in der Gnade zu leben, werden wir immer wieder neues Karma durch Wünsche für uns schaffen. (Oft unklug, obwohl mit guten Absichten).

Wer dieses Stadium erreicht, von dem wird gesagt, daß er „frei lebt". Er hat Erlösung erlangt — Freiheit von der unfreiwilligen Verwicklung mit dieser Welt. Während wir in dieser Welt leben, ist ein frei Lebender lediglich darauf bedacht, „zur rechten Zeit am rechten Platz zu sein", um den göttlichen Willen durch sein Tun zu verwirklichen.

Ein Mensch, der für diese Erfahrungsstufe bereit ist, ist auf seinem letzten Erdenbesuch (es sei denn, er wünscht es anders, oder es sei denn, er erlaubt seiner Aufmerksamkeit, sich erneut an diese Welt zu binden). Ein solcher Mensch wird der ideale Schüler, und viele werden ausgezeichnete Wahrheitslehrer. Während sie für ihre Freiheit alles tun, helfen sie, die anderen zu befreien. Dafür zu arbeiten, andere zu befreien, ist ein entscheidender Teil in dem Prozeß der Befreiung, weil es Erbarmen zeigt und die Bereitschaft, lieber anderen zu dienen als einen Dienst anzunehmen — lieber zu geben, als zu bekommen. Du wirst niemals erleben, daß ein solcher Mensch mit Problemen ringt oder Frustration oder Unglück zum Ausdruck bringt. Ein solcher Mensch ist frei von Stolz und tut nichts, um sich oder jemandem anderen etwas zu beweisen. Er ist zufrieden, weil er seinen Eigenwillen für den göttlichen Willen aufgegeben hat. Er geht von Freude zu Freude, von Offenbarung zu Offenbarung. Er ist kein fauler Nichtstuer-Typ — er ist wachsam, aufnahmebereit und empfänglich. Er steuert auf die Meisterschaft zu.

Vollkommene Wesen

Durch weitere Erweckung weiß sich die Seele befreit von der Verwicklung mit der materiellen Welt (physisch, astral und kausal). Ein solcher Mensch ist ein wahrer Meister. Er ist fähig, willentlich auf jeder Ebene der Schöpfung ohne jede karmische Verwicklung frei zu handeln. So schwierig es sein mag, das zu glauben: Was immer ein solcher Mensch tut, sogar wenn es als ein Verbrechen gegen die Natur erscheint, so ist er dadurch nicht karmisch gebunden, weil er nur das tut, was zum Wohle der Welt und zur Erlösung der Menschheit geschehen muß. Er kann nicht nach gewöhnlichen Maßstäben beurteilt werden, weil er langreichende Ziele im Sinn hat.

Viele dieser Seelen werden Religionslehrer und arbeiten mit der Masse durch gemeinverständliche Lehren und mit geistig reifen Seelen durch esoterische Lehren und Einweihung. Da sie den Weg zur Freiheit kennen, können sie diesen Weg anderen ernsthaft Suchenden enthüllen. Sie haben gewöhnlich einen Kreis von Schülern aus der „Freilebenden"-Gruppe um sich, die sie in ihren Aufgaben unterstützen. Durch diese Gemeinschaft werden die Freiheit suchenden Schüler gesegnet und erhoben, und der vom Meister ausgehende Kraftstrom fließt durch sie, um die Menschheit zu erheben. Ein vollkommenes Wesen, ein wahrer Meister, kann ein Guru sein — einer, der andere erweckt und sie zu Gott führt.

Höchst freie Seele

Seelen, die sich als reinen Ausdruck des Geistes erkennen, sind Avatare. Geist wirkt durch sie und durch eine „Führungslinie", die aus Meistern und Freilebenden besteht, in das Massenbewußtsein. Avatare führen die Meister, die größtenteils in der Welt wirken.

Der geistige Zustand eines Avatars ist für menschliches Begreifen unfaßbar. Die meisten Avatare, nicht alle, leben in Abgeschiedenheit und arbeiten ebenso mit Meistern wie sie meditieren und reine Liebe und reines Leben in die Welt „ausstrahlen". Durch sie wird Geist ins Volksbewußtsein getragen. Es ist der Öffentlichkeit nicht bewußt, daß solche Seelen als Übermittler reinen Bewußtseins handeln, wodurch die Zivilisation im Aufwärtstrend begriffen ist. Ohne sie würde die Welt verloren sein. Da es jedoch der universale Plan ist, daß die Welt umgewandelt werden soll, bleibt eine Anzahl von höchst freien Seelen zu allen Zeiten auf dem Planeten.

Es war mein Glück, daß ich mich schon in frühen Jahren zu einem Meister hingezogen fühlte. Schon als Kind hörte ich den „Ruf", ein geistiges Leben zu führen. Es brauchte jedoch ein paar Jahre, um Klarheit darüber zu erhalten. Ich traf meinen Guru, Yoganandaji, als ich achtzehn war und wurde von ihm zwei Jahre später eingeweiht. Er beauftragte mich, als einer seiner Repräsentanten weiterzuwirken.

Durch ihn und seinen Guru, Sri Yukteswar, dann Lahiri Mahasaya und Babadji, eine höchst freie Seele, jetzt in Nordindien ansässig, lebe ich in Übereinstimmung mit einem Machtstrom, der mich trägt und inspiriert. Wir sind natürlich alle fähig, unser göttliches Wesen zu erkennen — wenn wir jedoch bereitwillig mit einer Linie erleuchteter Meister arbeiten, vereinigen sich unsere Kräfte und ermöglichen es einer größeren Machtwoge, die Welt zu durchfluten.

Der Weg ist klar

Wie klar der Weg zur Selbstverwirklichung ist! Wie spannend, ihn zu kennen! Der Weg wird jedoch nur denjenigen enthüllt, die sich nach Freiheit sehnen! Er ist nicht für die „Klugen" — für jene, die ihren Intellekt und ihr Ego im Wege stehen lassen. Wir alle kennen Suchende, die ziellos von einem System zum anderen wandern: von der Metaphysik zum Okkultismus, von der Autosuggestion zur „Self-Image"-Psychologie, vom Spiritualismus zu „modernen" Methoden der Psychotherapie — und sie bleiben verwirrt. Ja, sie sammeln Informationen, von denen die meisten jedoch unwesentlich sind, und Daten, die keine Beziehung zur Selbstverwirklichung haben. Ihr Wandern ist ein Zeichen ihrer inneren Ruhelosigkeit und ihres äußeren Suchens.

Was sagen die Meister? Sie sagen, wer ernsthaft den geistigen Pfad beschreitet, sollte dem Rat eines wahren Guru oder eines Meisters folgen, auch wenn der Rat nicht sinnvoll erscheint. Äußeres Befolgen der Regeln menschlicher Führung hält uns zumindest an die Richtlinien und verhindert psychologische Komplikationen. Mit der Zeit werden wir dann eingeweiht — „wiedergeboren". Wenn die Intuition erwacht ist, beginnen wir unsere bewußte Reise auf dem geistigen Pfad. Davor mag es der religiöse Pfad oder der metaphysische Pfad gewesen sein — jetzt jedoch ist es der Weg, der gerade zur Selbstverwirklichung führt.

Dieser Weg jedoch ist schmal — durch Abirren verlangsamen wir unseren Fortschritt. Wenn wir aufgeben und mutlos werden, unterdrücken wir die Entfaltung. Wenn wir darauf bestehen, ohne göttliche Führung nur unseren Willen durchzusetzen, schaffen wir uns komplizierte Probleme.

Sri Yukteswar sagte gewöhnlich zu seinen Schülern, die sich über seine Disziplin ärgerten: „Gehe Deinen Weg, wenn Du magst, Du hast freien Willen — mein Weg jedoch ist besser."

Ja, die Wege der Meister sind weitaus besser. Alles, was wir über das geistige Leben wirklich wissen müssen, finden wir in den Heiligen Schriften und in den Wahrheitslehren der Jahrhunderte — wenn wir Augen zum Sehen haben und für das Verstehen bereit sind. Richtig verstanden, ist die Botschaft im Neuen Testament, in der Bhagavad-Gita und in der Legende von Buddha immer die gleiche.

Zeitgenössische Wahrheitslehrer mit göttlicher Vision haben die ewigen Wahrheiten für uns neu formuliert. Es gibt keine Entschuldigung für uns, den Weg nicht zu kennen. Vielleicht sind wir nicht fähig, ihn klar zu verstehen. Wir mögen nicht immer fähig sein, nach dem Höchsten und Besten, das in uns ist, zu leben — aber der Weg ist bekannt. Emerson sagte es so: „Der Mensch ist großartiger, als er weiß, und besser, als er glaubt."

• • •

„Heute beschließe ich, zum Meisterbewußtsein zu erwachen und als ein göttliches Wesen zu leben. Ich löse mich aus der Eigennützigkeit und dem Gefühl des Getrenntseins von Gott. Ich akzeptiere die Tatsache, daß Gott sich in diesem Augenblick als ich manifestiert und wünsche, nur noch den Willen des Höchsten zu erfüllen. Anstatt mich mit dem Massengemüt zu indentifizieren, beschließe ich, mich nicht nach dieser Welt zu richten, sondern im Geist gefestigt zu sein."

23

Verwirklichung des Einsseins

Was ist überhaupt „Verwirklichung des Einsseins"? Wie wissen wir, daß wir sie erreicht haben und welche Änderungen in unserem Leben daraus sichtbar werden? Das sind offene Fragen, die gewissenhafte Antworten verdienen.

Jemand sagte mir einmal: „Ich habe kosmisches Bewußtsein zuvor erlebt, es hat mein Leben jedoch nicht verändert. Warum muß ich immer noch mein alltägliches Leben führen, obwohl ich dieses Erlebnis hatte?" Was dieser Mann erlebte, war wahrscheinlich ein flüchtiger Schimmer der Wirklichkeit, ein zeitweiliges Durchbrechen — und er hatte erwartet, daß es ihn von diesem Augenblick an umwandeln würde.

Sicher haben wir kleine Einsichten in die Wahrheit des Lebens; diese sollen uns jedoch zur größeren und endgültigen Erleuchtung anspornen. In der Zwischenzeit, in der größere Enthüllungen offenbar werden, haben wir das Beste aus dem Leben zu machen und unser Möglichstes zu tun, um im Einklang mit der unendlichen Intelligenz jederzeit und in jeder Situation zu bleiben.

Wir lernen allmählich hier und jetzt im Himmel zu leben, wenn wir unsere Aufmerksamkeit von der Erscheinungswelt zu der wirklichen Welt fließen lassen, von der die Schöpfung nur eine Reflexion ist. Die vollkommene Wiederanpassung, die in unserem Organismus stattfindet, und die Erneuerung, die im Nervensystem und im Unterbewußtsein bewirkt werden muß, braucht jedoch Zeit. Manchmal haben wir eine unterbewußte Wahrnehmung und sind bald darauf mit dem Körper und den Körperzuständen auf der Ebene der Körperzellen und mit dem Magnetfeld, dem menschlichen Gemüt, indentifiziert.

Die Umwandlung der menschlichen Natur

Du siehst, Erinnerungen sind nicht nur im Gemüt aufgezeichnet, sondern viele von ihnen sind auch in die Körperzellen eingebrannt. Deshalb braucht es Zeit, unerwünschte Eindrücke zu löschen. Sogar wenn wir intuitive Einsichten haben, müssen wir eine Weile warten, bis die herabströmende Speise des Lichts und der Kraft uns durch und durch auf allen Ebenen umwandelt. Während dieser Zeit müssen wir uns in Geduld üben und niemals unseren Entschluß aufgeben, in dieser Inkarnation den gesamten Weg zu gehen. Dies ist eine Zeit der Prüfung. Nicht, daß uns irgendeine äußere Intelligenz prüft — es ist jedoch eine Herausforderung an uns, den inneren Frieden beizubehalten, während sich die langsame Wiedererneuerung vollzieht.

Die Aufzeichnungen im Unterbewußtsein werden im Sanskrit *Samskaras* genannt. Das sind mentale Eindrücke, die wir von Inkarnation zu Inkarnation mit uns tragen. Deshalb ist es ein Fehler anzunehmen, daß „die nächste Inkarnation besser sein wird" lediglich dadurch, daß wir sie abwarten. Der einzige Weg, die nächste Inkarnation zu verbessern (oder völlig über die Reinkarnation hinauszugelangen), ist gottbewußt zu werden und aus dem sterblichen Traum zu erwachen. Auch wenn wir in dieser Inkarnation auf dem Pfad versagen, werden wir in den astralen Bereichen fortfahren und geistigen Fortschritt erzielen. Dann werden wir auf dem Pfad in der nächsten Inkarnation in einem früheren Alter beginnen. Das ist ein Versprechen der Meister. Yogananda hat mir oft gesagt: „Du mußt auf jeden Fall in dieser Welt leben, warum dann nicht in der höchsten und besten Art leben, die möglich ist?" Dieser Rat kann von jedem zu Herzen genommen werden. Allein unser hingebungsvolles Bemühen, während unseres Verweilens in dieser Welt das Beste aus unserer Zeit zu machen, wird künftiges Glück und Frieden sichern.

Du siehst, je länger wir in der Erkenntnis unseres göttlichen Wesens verweilen, desto schneller vollzieht sich die innere Umwandlung. Auch wenn es so scheint, als ob wir nicht voranschreiten, geschieht dies doch auf einer feineren Ebene. Wenn Du nach ein paar Jahren auf heute zurückschaust, wirst Du klar erkennen, wie weit Du auf dem geistigen Pfad gewandert bist.

Einssein mit allem Leben

Das ist der Schlüssel, das Gefühl des verantwortlichen Einsseins mit allem Leben. Das ist das Zeichen, nach dem wir ausschauen. Wenn wir tatsächlich empfinden, daß es nur *ein* Leben gibt, und daß es sich in allem, durch und als alles ausdrückt, beginnen wir, in unserem wahren Bewußtsein zu leben. Auf dieser Stufe lehnen wir nichts ab und greifen nicht nach irgendetwas. Wir leben in der Gnade, folgen in allen Dingen unserer inneren Führung, wirken bewußt in Kooperation mit dem unendlichen Willen, da es die Befreiung aller Seelen bewirkt.

Die Freude und die Freiheit, die sich mit der Erkenntnis des Einsseins einstellen, sind gewaltig. Alle unbedeutenden Probleme verschwinden. Streß und Spannung fallen ab. Persönliche Konflikte existieren nicht mehr. Ein Gefühl der Hingabe und ein wirklicher Lebenssinn durchdringt das Bewußtsein. Gedanken darüber, wie schlecht (oder wie gut) die Vergangenheit war, oder Sorgen um die Zukunft — hören auf. Wir leben im allgegenwärtigen Jetzt und tun das jeweils Notwendige im erforderlichen Zeitpunkt. Das genügt. Das ist *ewiges Leben.*

Solange wir in der Richtung zukünftiger Entfaltung, zukünftiger Verbesserungen oder zukünftiger Erfüllung denken, leben wir im Gefühl von Mangel und Begrenzung. Ein gottbewußter Mensch lebt in dem Gewahrsein der Erfüllung, richtigen Tuns und immerwährender Freude. Ein gottbewußter Mensch (oder jemand nahe dieser Erfahrung) lebt ein ausgeglichenes, vernünftiges Leben. Er ergreift das Beste aller „Systeme". Er ist sensitiv und empfänglich, ohne überempfindlich zu sein. Er „liebt" das Leben, weil er nur das *eine* Leben sieht. Er widmet sich dem Wohlergehen der Welt und der Erleuchtung aller Seelen, weil er in allen Seelen die Individualisation des *Einen* sieht, wie sich selbst. Er meditiert und kontempliert die *höchste Wirklichkeit,* den transzendentalen Aspekt des Lebens, und er arbeitet ohne eigennützige Motive in der Welt, weil das seine Verantwortlichkeit und sein Privileg ist. Auf diese Weise schafft er kein neues Karma für sich, und die Kraft Gottes kann ohne Begrenzung fortfahren, in ihm zu wirken, ihn zu läutern und umzuwandeln, um alle Verzerrungen und alle Finsternis zu vertreiben. Das ist die Regeneration des Menschen. Wenn sich alle Menschen dieser Wandlung unterziehen, beginnt sich das Himmelreich auf Erden zu verwirklichen.

Jeder Tag ist „der Tag des Herrn"

In der Erkenntnis des Einsseins leben wir jederzeit im Geiste. Jeder Augenblick im täglichen Leben ist mit der klaren Erkenntnis des Lebens durchdrungen, *wie es ist.* Wir denken nicht länger über geistige

Aktivität gegenüber manueller Beschäftigung nach oder über transzendente Orte gegenüber existenter Behausungen. Wo immer wir sind, und was immer wir tun, ist richtig und gut, weil jeder Augenblick ein „Geschehen" ist. Äußerlich mögen wir anderen gegenüber wie ganz normale Menschen erscheinen (welch ein Segen!), aber innerlich sind wir frei von allen mental-emotionalen „Verhaftungen" oder Problemen. Wir arbeiten, wir lieben, wir dienen — und bleiben währenddessen immer eingebettet im schöpferischen Strom. Die Menschen, mit denen wir unser Leben teilen, weil auch sie wie wir eine Individualisation des *Einen* sind, spielen mit uns auf einer herrlichen Bühne des Lebens.

Welche Freiheit es im Bewußtsein gibt! Wir brauchen uns nicht darum zu sorgen, „was wir nicht tun sollen", um geistig zu werden. Noch brauchen wir uns Gedanken darüber zu machen, „was wir tun sollen". Wir leben ganz einfach. Der Unterschied ist der, daß wir uns bewußt sind: „Ich lebe — doch, nicht ich — Gott lebt durch mich".

In dieser Verwirklichung fallen alle Bezeichnungen weg. Wir können, falls wir einen Grund dafür haben, Gottesdienste in einer katholischen oder einer protestantischen Kirche besuchen oder an Versammlungen in einer metaphysischen oder in einer spirituellen Gemeinschaft teilnehmen. Oder auch nicht. Wir sind nicht gebunden. Wir können jede äußere Rolle spielen, auf die wir Wert legen. Im Innern jedoch nehmen wir nicht zur Kenntnis, daß wir Katholik oder Protestant, Neger, Deutscher oder Engländer usw. sind. Das sind bloß äußere Masken, das Gesicht, das wir der Welt zeigen. Wir wissen vor allem eins — wir sind Kinder des Lichts!

Selbst wenn wir eine längere Zeit hindurch klar und hell sind, fallen wir periodenweise in unsere alten Gewohnheiten zurück. Dann ist es an der Zeit, zu meditieren und uns an den Zustand der Freiheit zu erinnern. Dann ist es auch an der Zeit, Bücher über die Wahrheit zu lesen und sich wieder damit zu identifizieren, was bleibend wirklich ist. Alle unsere Bücher, besonders das Buch „Die Macht der Seele" und „Der Weg des Eingeweihten" (Übersetzung in Vorbereitung) wurden geschrieben und Dir zugänglich gemacht, damit Du in Gott fest verankert wirst.

Wann immer wir etwas wissen müssen, das uns auf dem Pfad weiterhilft, wird es uns durch Menschen, durch innere Führung oder durch einen „Blitz" der Einsicht enthüllt. Kein Tor ist für immer verschlossen, und kein Hindernis ist so groß, daß es nicht „durchschaut" werden könnte. Das ist meine Erfahrung in all den Jahren. Wann immer ich wirklich Hilfe brauchte, erschien sie auf der Bildfläche, wenn ich das Vertrauen behielt und glaubte, daß sie nahe war. Das Geheimnis ist, nie zu verzweifeln und in einen negativen Gemütszustand zu sinken. *Das Geheimnis ist, dauernd an Gott festzuhalten.* „Er, der bis zum Ende durchhält, wird gerettet". (Gerettet, befreit aus den Fesseln der Unwissenheit.)

Ich erinnere mich: Als ich ein kleiner Junge war, fühlte ich den Ruf zu einem Priesteramt, aber ich wußte nicht, wie ich es erreichen könnte. Mit den Jahren kam die innere Führung — zunächst ein paar Bücher — dann das Zusammentreffen mit Yoganadaji — dann meine Jahre der Disziplin und des Studiums — abschließend die Weihe durch ihn. Das war der Anfang. Die wirkliche Arbeit, die Arbeit, *das Leben* auf dem gesamten Weg *zu leben,* fing dann erst an.

Mit den Jahren habe ich selbst entdeckt, was alle Weisen wissen — daß die Wahrheit sich dem enthüllt, der ständig auf dem Pfad bleibt und nie aufgibt! Wir können die Techniken der Meister als Richtlinien annehmen — sie kennen den Weg! Was sie raten, ist zum Besten! Ich bin überzeugt, daß der Pfad, wie er in diesen Lektionen und in unseren Büchern beschrieben ist, der vollkommenste und schnellste Weg zur Selbstverwirklichung ist! Wie Du weißt, es gibt viele Systeme, aber es gibt nur einen Weg: Durch beschleunigte Intuition aus der Materie zu erwachen — dann die Wirklichkeit zu kontemplieren. Das führt zur Selbsterinnerung, wie Buddha sagte.

Auf dem geistigen Pfad haben wir uns nur daran zu erinnern, wie es von Anbeginn war.

• • •

„In diesem Augenblick erfreue ich mich an der Freiheit! Ich bleibe von den „Bildern" der Welt unbewegt. Mein Blick ist auf die wahre Quelle gerichtet. Ich sehe alle Manifestationen in der Welt und darüberhinaus als Ausdrucksarten der „einen göttlichen Wirklichkeit", und ich habe Frieden."

24

Das Ende des Weges

Nun, soweit es die Serie dieser 24 Lektionen betrifft, sind wir am Ende des Weges angelangt. Alle wesentlichen Punkte, Deine Reise auf dem Pfad schnell und reibungslos von statten gehen zu lassen, wurden Dir enthüllt. Wenn Du dieses Material und unsere anderen Bücher studiert hast, wenn Du meditierst und versucht hast, „das Leben zu leben", dann siehst Du ohne Zweifel den Beweis Deines Fortschritts. So sollte es sein und in den kommenden Wochen, Monaten und Jahren weiter so bleiben.

Die gesamte Information in der Welt wird uns nicht geistig machen. Tausende von Menschen sind aufgrund ihres begierigen Lesens viele Jahre hindurch mit richtigen und falschen Informationen „angefüllt", — sie sind jedoch nicht selbstverwirklicht. Sie haben noch nicht gelernt, das wahre geistige Leben zu leben.

Leben – eine lebendige Erfahrung

Buddha riet: „Nur derjenige, der das Leben lebt, soll die Lehre kennen." Jesus sagte: „Du sollst die Wahrheit kennen, und die Wahrheit wird Dich frei machen."

Hier liegt das große Geheimnis vor den Augen der geistig Blinden verborgen. Wenn wir das Leben so gut wir können leben und lernen, die Wahrheit zu erkennen (die Fakten des Lebens), bewegen wir uns mit Autorität und in Freiheit. Das geistige Leben beinhaltet nicht, ständig „etwas zu unternehmen" oder „zu beweisen, wieviel wir wissen". Ein geistiges Leben zu führen heißt, bewußt zu sein, daß Gott, die eine Wirklichkeit, sich durch und als alle Dinge ausdrückt — und wir in dieser Erkenntnis zufrieden sind.

Es ist nicht der Plan für uns alle, Lehrer oder Schriftsteller zu sein. Für jeden von uns gibt es unseren Talenten und den Bedürfnissen der Schöpfung entsprechend einen Platz. Es ist wichtig für uns, herauszufinden, welcher Platz ausdrücklich uns zukommt, und ihn dann völlig auszufüllen. Das führt zu Gesundheit und Glück und zu natürlichem Wohlergehen. Ein erleuchteter Mensch denkt nicht daran, „Geld zu machen" oder erfolgreiche Lebensbedingungen zu schaffen. Ein erleuchteter Mensch ist sich dessen bewußt, daß Geist — Leben — Wirklichkeit — in seinem Leben auf der Leinwand von Zeit und Raum als vollkommene Erfüllung sichtbar wird. Das ist das natürlichste, was in der Welt geschieht.

Manchmal sehen oder hören wir von einem Menschen, der die Zukunft voraussagen, mit astralen Wesen Kontakt aufnehmen, durch Visualisierung heilen und die Beherrschung über die Materie demonstrieren kann, und wir sind geneigt auszurufen: „Wie geistig dieser Mensch sein muß!" Es mag sein, daß ein solcher Mensch geistig erwacht ist, andererseits kann es genau so gut sein, und dieser Fall ist sehr häufig, daß ein solcher Mensch, um es geradeheraus zu sagen, „emotionell gestört" ist. Nicht alle Menschen, die eine seelische Fähigkeit kundtun, sind als autorisierte, geistige Berater anzusehen. Wir müssen tiefer in das Leben eines Menschen hineinsehen, bevor wir die richtigen Schlüsse ziehen können.

Da wir an dem Zeitpunkt einer Zusammenfassung angelangt sind, bitte ich darüber nachzudenken: Tust Du Dein Bestes, um das wahre geistige Leben zu leben?

Lebst Du in diesem Moment im Vertrauen? Bist Du Dir Deines wahren Wesens als Ausdruck Gottes bewußt? Bist Du vom Ego befreit? Wirkst Du zum Wohle der Welt? Nun, wie steht es damit? Diese Fragen bedürfen einer Antwort. (Durch Dich, Dir selbst gegenüber).

Wenn Du ausrutschst, stelle Dein Gleichgewicht wieder her und beginne erneut mit heiterem Herzen und ohne Bedauern. Das Leben ist prekär genug; wir brauchen uns nicht noch durch Selbstbestrafung zusätzlich zu belasten. Zufriedenheit ist das Zeichen eines selbstverwirklichten Menschen. Heitere Zufriedenheit und das Wissen über die Bedeutung des Lebens — kein emotionelles Getriebensein, kein ekstatischer Glückszustand.

Der Himmel ist wahrhaft im Innern

Solange ein Mensch außerhalb seines Selbst nach einem Grund für inneres Glück sucht, ist er fehlgeleitet. Andererseits stellen wir bei einem Menschen, der inneren Frieden erlebt, fest, daß sich Harmonie und richtiges Handeln in allen Lebensbedingungen widerspiegeln. Wir werden niemals richtig glücklich sein, solange wir von Äußerlichkeiten unser Glück bestimmen lassen, da die einzige sichere Beständigkeit in der Welt die Veränderung ist. Die Formen dieser Welt werden ewig umgestaltet. Bedingungen verändern sich, Menschen verlassen uns, neue Gefährten treten in unser Leben, die Naturkräfte arbeiten, subtile Gemütsströme ändern das Weltbild. „Unbeständig wie ein Wassertropfen auf dem Lotusblatt ist das Leben des Menschen in dieser Welt", erklären die Heiligen Schriften. So ist es.

Es gibt jedoch einen Anker, der uns ständig inmitten der sich wandelnden Szenen halten wird: unsere Erkenntnis Gottes. Mein Guru sagte häufig mit Nachdruck: „Ein Yogi, der selbstverwirklicht ist, steht unerschütterlich inmitten des Getöses einer berstenden Welt!" Ich glaube nicht, daß wir uns um „berstende Welten" während unserer Lebenszeit sorgen müssen, aber diese Aussage ist sicherlich bezeichnend! Und wahr.

Die Welt sucht Frieden, und er kommt. Wahrer anhaltender Frieden wird sich mit der Zeit durchsetzen, da er ein Teil des göttlichen Planes ist. Wir können ihn jedoch beschleunigen, indem wir von diesem Augenblick an im Bewußtsein des Friedens leben. Wenn nur wenige Menschen in jeder Gemeinschaft im richtigen Geiste leben, wird ein unsichtbarer (aber fühlbarer) Strom in die Herzen und in die Gemüter der Menschen fließen. Alles beginnt mit dem Einzelnen und weitet sich dann über die ganze Welt für die gesamte menschliche Familie aus.

Wir sind im Innersten alle gleich — wir sind alle Ausdruck Gottes. Lediglich die äußere Hülle, die vergänglich ist, läßt uns unterschiedlich erscheinen. Wir wollen deshalb von nun an alle Menschen mit dem höchsten Respekt behandeln. So wie wir sie behandeln (und über sie denken), behandeln wir uns selbst. Was wie ein anderer Mensch erscheint, bin tatsächlich ich aus tranzendentaler Sicht. Durch erwachte und teilweise erwachte Individualisationen seiner selbst wirkt Gott, um sich selbst als andere zu erwecken, die der Wahrheit gegenüber zu schlafen scheinen.

Eine große Kraft in der Welt

Ich kann eine große, die Welt umfassende Kraft erkennen, die gleichgesinnte Menschen mobilisiert, um die Botschaft der Befreiung der gesamten Menschheit zu überbringen! Es ist die Vision der Entwicklung dieses neuen Zeitalters! Es ist unsere Bestimmung zu helfen, das ideale Zeitalter zu verwirklichen! Ist das nicht eine begeisternde Gelegenheit? Welche Rolle spielst Du dabei?

Du siehst, es bedarf im einzelnen keines größeren Talents, um in dieser Welt zu überleben. Beinahe jeder vernünftige Mensch kann das erreichen. Für die Bedürfnisse des Körpers zu sorgen ist jedoch nur eine Teilzeitbeschäftigung. Was machen wir mit der übrigen Zeit, Energie und Fähigkeit? Das ist die große Herausforderung. In den kommenden Jahren werden wir mehr freie Zeit haben. Was werden wir mit ihr anfangen? Indem wir überprüfen, wie wir unsere freie Zeit im Augenblick verbringen, könnten wir Ideen bekommen.

Wir dürfen nicht versuchen, Menschen gegen ihren Willen zu ändern — wir haben sie zu erwecken, das genügt. Geistige Erweckung ist das große Bedürfnis von heute. Das Bedürfnis kommt aus dem Innern und wird sichtbar durch die große Anzahl der Menschen, die ein Interesse an Selbstfindung zeigen. Wir können dabei helfen, indem wir unseren Teil dazu beitragen. Zunächst, indem wir selbst das Leben leben, und dann, indem wir andere Suchende teilhaben lassen, so gut wir können.

Nochmals zur Erinnerung: Unendliche Intelligenz wird ihre Absicht mit und ohne unsere persönliche Hilfe verwirklichen (auch ohne meine Hilfe, in diesem Fall). Wir haben jedoch Gelegenheit, im großen Plan mitzuwirken, und es wäre beschämend, diese Gelegenheit zu verpassen. Wenn der eine Mensch diese Initiative nicht ergreift und auf den inneren Ruf nicht antwortet, dann wird ein anderer Mensch, bewußt oder unbewußt, zum Instrument erhoben, so daß die universale Erlösung gesichert ist.

Warum nicht ein bereitwilliges Instrument in den Händen Gottes sein? Warum nicht den Eigenwillen vollständig aufgeben und dem Impuls nachgeben, als Retter für andere in der Welt zu wirken? Ein Mensch, der genügend in Gott erwacht ist, wird mit anderen Erbarmen haben und wünschen, ihnen zu helfen. Dann wird er sich um Führung nach innen wenden und fragen: „Wie kann ich auf die bestmögliche Art helfen? Was möchte die unendliche Intelligenz durch mich tun?" Ich hoffe um Deinetwillen und um der Welt willen, daß Du sehr bald dafür die Zeit aufbringst, diese Fragen in der Stille zu kontemplieren. Du bist einer der Glücklichsten in der Welt. „Dir ist es zuteil geworden, die Geheimnisse des Himmelreichs zu kennen". Nun trägst Du Veranwortung. Nicht mir oder einer anderen Organisation gegenüber — sondern Dir und der Welt gegenüber.

Fühlst Du nun den Impuls, frei in den ewig fließenden Strom der Gnade zu treten und für die Freiheit der Menschen zu wirken? Ja? Wie wirst Du antworten?

Drei weitere Bücher des Autors in deutscher Ausgabe:

Die Macht der Seele, Erlebte Wirklichkeit
Schöpferische Imagination
Einfache Einführung in die Meditation

Buchbeschreibungen auf den Seiten 139-141

Bücher des Autors in englischer Ausgabe:

Studies in Truth*
Way of the Initiate
Health, Healing and Total Living
Bhagavad-Gita
Secrets of Inner Power
Time, Space and Circumstance
Yoga Darsana
Hidden Teachings of Jesus Revealed
Darshan
Path of Soul Liberation
Creative Imagination*
Miracle Man of Japan (Dr. Taniguchi)
This is Reality*
With God we can
An Easy Guide to Meditation*

* bereits in Deutsch erhältlich.

Alle Bücher sind zu beziehen von:

CSA Deutschland - Bücherstube -
Berkersheimer Weg 8, D-6000 Frankfurt 50

„Es gibt eine Kraft, die dieses Universum lenkt,
und wir können lernen, mit ihr zu kooperieren." Roy Eugene Davis

Wer ist Roy Eugene Davis
und was sind die Ziele von CSA Deutschland?

Roy Eugene Davis ist Schüler von Paramahansa Yogananda und wurde von ihm 1950 eingeweiht. Er lehrt seit 25 Jahren höhere Meditationsmethoden und hält Vorträge an Universitäten, in Kirchen und geistigen Zentren. Er ist Autor von 17 Büchern, die auf die Fragen der Zeit inspirierende Antworten geben und die international verbreitet sind. Außerdem leitet Davis das Center for Spiritual Awareness — CSA — (Zentrum für Seelisches Bewußtsein) in Lakemont/ Georgia U.S.A.. Er gibt ein monatlich erscheinendes Journal heraus, das seit Oktober 1977 auch in deutsch erscheint.

Davis lebt, was er lehrt. Jeder, der mit ihm in Kontakt kommt, macht die Erfahrung, daß er niemanden beeinflußt oder persönlich an sich bindet. Sein ganzes Bemühen gilt der Entfaltung seiner Schüler und aller Suchenden, die an seinen Seminaren teilnehmen oder seine Bücher lesen. Er regt nur an und greift nicht in ihr Leben ein. Seine einzige Absicht und die von CSA ist, jeden Suchenden zu motivieren, als frei Lebender in einem offenen Universum seine persönliche Bestimmung zu erfüllen und an seinem richtigen Platz in diesem Leben sich voll in den Dienst zu stellen.

Davis läßt die Menschen, die mit ihm zusammenarbeiten möchten, von selbst auf den Plan kommen und manipuliert sie nicht. Er führt jeden Suchenden zur inneren Einsicht „wer er ist, woher er kommt und wohin er geht."

Unter der geistigen Leitung von Rosemarie Schneider, der Schülerin von Roy Eugene Davis mit Lehrauftrag für Europa, haben es sich die CSA-Centren in Europa zur Aufgabe gemacht, dieses Gedankengut in Form von Übersetzungen und Veröffentlichungen seiner Bücher über den CSA Verlag Deutschland, über das regelmäßig erscheinende Magazin „Wahrheits-Journal", durch Vorträge und Seminare und durch CSA-Freundeskreise mit Buchbesprechungen und Gruppenmeditation zu vermitteln.

132

Roy Eugene Davis ...

... ist auch Herausgeber des Truth-Journal (Wahrheits-Journal). Dieses Journal ist das offizielle Informationsorgan von CSA. Die Initialen stehen für Center for Spiritual Awareness (Zentrum für Seelisches Bewußtsein). Dieses Zentrum ist der Ausbildungsbereich von CSA = Christian Spiritual Alliance (Christlich-geistige Vereinigung), dem Mutterzentrum in Lakemont, Georgia, USA, das als eine gemeinnützige religiöse Bruderschaft eingetragen ist.

Das Journal erscheint in englischer Ausgabe zehnmal jährlich. Seit Oktober 1977 erscheint es auch in deutscher Ausgabe und wird von CSA Deutschland herausgebracht. Es beinhaltet Artikel von Roy Eugene Davis, die informieren und motivieren sowie hilfreiche Anweisungen und Ermutigungen auf dem Weg zur Selbstverwirklichung; ferner Mitteilungen über Vorträge und Seminare der CSA-Zentren in Lakemont/ Georgia USA, Deutschland, Österreich und in der Schweiz; außerdem Buchbesprechungen und Buchempfehlungen.

Wir versenden das Journal auf Anfrage kostenlos.

CSA Deutschland
Berkersheimer Weg 8, D-6000 Frankfurt 50

Worterläuterungen

von Dr. phil. habil. Hans Endres

Die „Babylonische Sprachverwirrung" ist kein einmaliges geschichtliches bzw. mythisches Ereignis, sondern das ständige unvermeidliche Schicksal aller sprachlichen Verständigungsversuche. Jede begriffliche Formulierung ist mißverständlich, weil Menschen zwar die gleichen Worte benützen, darunter aber etwas ganz anderes, ja oft sogar Gegensätzliches verstehen können gemäß ihrer verschiedenartigen Lebenserfahrung und Bewußtseinsentwicklung. Nur Kinder und Liebende, Meditierende und Erleuchtete können sich unmittelbar ohne Worte verstehen. Solange wir aber miteinander sprechen müssen, ist daher immer zuerst abzuklären, was wir mit den gebrauchten Ausdrücken jeweils wirklich meinen. Wenn wir gar in einem Buch lesen, also nicht einmal direkt beim Autor rückfragen können, ist eine solche Erläuterung der wichtigsten bzw. am häufigsten mißverstandenen Wörter umso notwendiger, — und das erst recht bei einer Übersetzung, die ohnehin unzulänglich bleiben muß, weil es in jeder Sprache Ausdrücke und Redewendungen gibt, die nur dieser Sprache eigentümlich sind und daher nur annähernd sinngemäß übersetzt werden können.

Die nachfolgenden Worterläuterungen erheben keinerlei Anspruch auf Vollständigkeit oder Allgemeingültigkeit, sondern sollen nur nochmals verdeutlichen, welche Bedeutung der Autor den genannten Ausdrükken gibt. (Diese werden in alphabetischer Reihenfolge besprochen).

Avatar: (buddhistisch „Boddisattwa", christlich „Heiland" = Heilsbringer, Erlöser) ist ein Vollendeter, in Gott Eingegangener, der sich freiwillig verkörpert, um als „Übermittler reinen Bewußtseins" den Menschen beizustehen.

Bewußtsein: Alles ist Bewußtsein, d. h. bewußtes Sein in verschiedensten Bewußtseinsgraden — vom absoluten, für uns unfaßbaren höchsten Bewußtsein und dem universellen, allumfassenden göttlichen Bewußtsein über das kosmische, astrale, planetarische und humane Menschheitsbewußtsein bis zum individuellen Persönlichkeitsbewußtsein des einzelnen Menschen und weiter zum tierischen, pflanzlichen und mineralischen Bewußtsein bis hinab zum molekularen und elementaren Bewußtsein (von Leibniz „Monade" genannt). Demnach ist alles, was in Erscheinung tritt, Bewußtsein in fortschreitender Offenbarung, so daß es sich bei geistiger Entwicklung eigentlich nicht um Bewußtseinserweiterung oder Bewußtseinssteigerung handelt, sondern um immer klareres Gewahrwerden der Tatsache, daß „Höchstes Bewußtsein mein Wesen ist." Und je ungetrübter das gesamte Wollen, Denken, Fühlen und Wirken dieses Wesen widerspiegelt, desto vollkommener ist dessen irdische Erscheinungsform.

Ego: das persönliche „Schein-Ich", das unser wahres Selbst verdeckt und so die Täuschung des Getrenntseins, des „Sonderscheins" (Ekkehard) verursacht.

Einweihung: „wird immer dann erfahren, wenn wir zu einem größeren Verständnis des Lebens erwachen" (so sagt man ja auch im gewöhnlichen Sprachgebrauch: man wird in eine Kunst oder in ein Geheimnis eingeweiht). Es gibt infolgedessen fortschreitende Stufen der Einweihung, bis das letzte Geheimnis offenbart wurde: „ich bin ein individualisierter Teil Gottes — ein verkörperter Gottesfunke".

emotional: gleichbedeutend mit affektiv oder irrational, d. h. gefühlsmäßig bzw. erlebnishaft.

Erweckung: gleichbedeutend mit Erleuchtung oder Befreiung (weil wir aus dem bewußtseinsverdunkelnden „Lebenstraum" zum „Licht der Erkenntnis" erwacht sind und dadurch von begrenzenden Irrtümern und Bindungen befreit wurden) ist das Ziel der menschlichen Entwicklung, gewissermaßen die „geistige Geburt", durch welche die mit der körperlichen Geburt eingeleitete Menschwerdung im Bewußtsein vollendet wird.

Evolution: wörtliche Bedeutung „Auswicklung". Der als fortschreitende Entwicklung in Erscheinung tretende Schöpfungsablauf.

Frustration, frustriert: seelische Verkümmerung auf Grund von Enttäuschung und Zurücksetzung, Freudlosigkeit und Unbefriedigtheit, Einengung und fehlender Entfaltungsmöglichkeit, also insgesamt durch eine menschenunwürdige Existenz. Eine solche kann gerade auch ein Leben in äußerem Luxus und Überfluß ohne inneren Sinn bedeuten, so daß heute mehr denn je das Paulus-Wort gilt: „Was nützete es dem Menschen, wenn er die ganze Welt gewänne und doch Schaden nähme an seiner Seele."

Geist, geistig: ist keinesfalls in dem bei uns üblichen Sinne von intellektuell, verstandesmäßig, gedanklich (Geisteswissenschaften, geistige Anstrengung, usw.) zu verstehen, sondern bedeutet „Die *eine* Gegenwart, *eine* Macht und *eine* Substanz in diesem und als dieses manifestierte Universum" ebenso wie das wahre Selbst, denn „Ich bin ein Leben-gebender Geist."

Gemüt: (englisch „mind" — also **nicht** mit „Geist" zu übersetzen) ist im Seelen-Organismus jener zentrale Zwischenbereich zwischen dem Überbewußten und Unbewußten, in dem sich die gesamte mental-emotionale Bewußtseinstätigkeit abspielt, d. h. sowohl die bewußten Gedankenformen als auch die unterbewußten Vorstellungsbilder entstehen. Zwar muß man Denken und Fühlen theoretisch unterscheiden, doch vollzieht sich im praktischen Leben bzw. Erleben beides immer gleichzeitig, so daß es sich eigentlich um „Denkendes Fühlen" oder „Fühlendes Denken" mit jeweils verlagertem Schwerpunkt handelt.

Gewahrsein: (englisch „awareness") ist der durch die Erweckung erlangte Dauerzustand eines Menschen, für den die geistige Wirklichkeit nicht mehr nur einen durch andere vermittelten theoretischen Glaubensinhalt bedeutet, sondern zur eigenen praktischen Erfahrung und selbst erlebten Gewißheit geworden ist.

Imagination, imaginativ: die bildhafte Vorstellungskraft, durch die Gedachtes erst mit seelischer Energie erfüllt und so in allen Bewußtseinsbereichen wirksam werden kann (das „innere Bild").

Initiative: innerer Beweggrund oder auslösende Kraft, die sofortiges Handeln bewirkt („Willens-Zündung").

Inkarnation: Verkörperung (Reinkarnation = Wiederverkörperung) der Seele in einem lebendigen Organismus.

Inspiration, inspirativ: einer geistigen Offenbarung entspringende und das Denken mit höherem Bewußtsein erfüllende Eingebung (das „innere Wort").

Intuition, intuitiv: höchste Erkenntnis durch „liebende Vereinigung" von Erkennendem und Erkanntem, unmittelbare Erfahrung der Wahrheit (die „innere Führung").

136

Involution: wörtliche Bedeutung „Einwicklung". Der ursächliche Schöpfungsimpuls, aus dem die ganze Evolution hervorgeht.

Karma: gleichbedeutend mit Schicksal im Sinne der Gesetzmäßigkeit von Ursache und Wirkung, Saat und Ernte. Der zwingende Ablauf von Kausalreihen in der Naturgesetzlichkeit hat sich jedoch im menschlichen Bewußtsein in das geistige Gesetz der Wechselwirkung von Notwendigkeit und Freiheit gewandelt: so wie wir die Notwendigkeit vergangenen Karmas erkennen und erfüllen, gewinnen wir dadurch zugleich die Freiheit zum Schaffen künftigen Karmas. Vom Karma selbst können wir befreit werden, wenn unser Eigenwille aufgeht in Gottes Wille, weil wir auf dem Wege des Gehorsams („nicht mein, sondern Dein Wille geschehe") zur erlösenden Erkenntnis gelangt sind: „Der *eine* Wille geschieht in allem".

Kontemplation: wörtliche Bedeutung „innige Betrachtung". Sich immer intensiver mit etwas verbinden, sich immer tiefer hineinversenken und schließlich ganz darin aufgehen („Identifikation").

Konzentration: wörtliche Bedeutung „auf einen Punkt gerichtetes Bewußtsein". Die Kraft der gesammelten Aufmerksamkeit wirkt psychisch ebenso stark wie physikalisch die Kraft der in einem Brennpunkt gebündelten Lichtstrahlen.

Manifestation: wörtliche Bedeutung „faßbare Offenbarung, endgültige Festlegung". Die Welt als greifbarer und sichtbarer Ausdruck des schöpferischen Bewußtseins.

materiell: gleichbedeutend mit mechanisch oder anorganisch, d. h. körperlich bzw. stofflich.

Meditation: wörtliche Bedeutung „von der Wesens-Mitte aus den Umkreis (des Bewußtseins) ermessen". Die gezielte Lenkung unserer Aufmerksamkeit auf den reinen Aspekt (Spiegelung) unseres Seins („Grals-Schale").

mental: gleichbedeutend mit intellektuell oder rational, d. h. gedanklich bzw. begrifflich.

Metaphysik, metaphysisch: wörtliche Bedeutung „hinter bzw. über dem Körperlichen", also die Lehre von den wirklichen Ursachen und bewirkenden Energien in allen materiellen Vorgängen und Erscheinungen.

Modelle: prägende Prinzipien oder Vorbilder, die den Ablauf von Geschehnissen oder Entwicklungen bestimmen.
Es gibt **Denkmodelle,** auch „Ideen" genannt, die Grundlage aller bewußten Denkprozesse sind, und **Erfahrungsmodelle,** auch „Engramme" genannt, die sich in allen unterbewußten Reaktionen auswirken.

okkult: wörtliche Bedeutung „verborgen, geheim", so daß also auch Atomphysik oder Medizin für jeden Nichtakademiker, aber ebenso technische oder handwerkliche Praktiken für jeden Laien „okkult" sind. Die übliche eingeengte Wortbedeutung in bezug auf unerklärliche Vorgänge und ungewöhnliches Verhalten resultiert daher nur aus einem einseitig materialistisch eingestellten Bildungssystem, weshalb dem solchermaßen eingeengten Bewußtsein vieles als „okkult" erscheint, was z.B. für Ostasiaten völlig klar und selbstverständlich ist.

psycho-somatisch: hauptsächlich im medizinischen und psychologischen Bereich gebrauchter Ausdruck für die körperlichen Erscheinungsformen seelischer Vorgänge aufgrund der **psycho-physischen Identität,** d. h. einfach ausgedrückt „der Körper ist die Haut der Seele."

Samadhi: (im Zen „Satori", im Christlichen „Glückseligkeit") ist die höchstmögliche Steigerung des menschlichen Bewußtseins zum reinen Gott-Bewußtsein, indem ich erkenne, daß „Gott durch mich und als ich wirkt", und diese Erkenntnis mein ganzes Wesen restlos erfüllt.

Seele, seelisch: Die Schöpfungs-Ideen des „väterlichen" Geistes werden von der „mütterlichen" Weltseele empfangen und als konkrete Schöpfung „geboren" (in der göttlichen Gesamtschöpfung ebenso wie in jedem menschlichen Schöpfungsprozeß). Alles in Erscheinung Tretende existiert also zuerst als Seele bzw. ist ein Teil der Weltseele in verschiedenartigsten Formen der Verkörperung. Ein lebender Mensch **hat** demnach nicht eine Seele, sondern er **ist** eine verkörperte Seele, die beim „Sterben" ihre körperliche Hülle wieder ablegt. Und wie ein körperlicher Organismus aus den verschiedensten Organen besteht, so besteht auch der seelische Organismus aus den verschiedensten unterbewußten, oberbewußten und überbewußten Bereichen.

spirituell: gleichbedeutend mit geistig (hat also nichts mit „Spiritismus" zu tun, der sich mit „Geistern" und nicht mit „Geist" befaßt).

Substanz: Das eigentliche Wesen, der beständige Urgrund, das in allem Wandel der Erscheinungsformen stets sich selbst gleich Bleibende.

138

Visualisierung, visualisieren: wörtliche Bedeutung „sichtbar machen", ist das Vermögen, reine Gedankenformen in möglichst plastische Vorstellungsbilder zu übertragen, also innerlich zu schauen (Goethe nannte dies „Anschauung"). Je besser dies gelingt, desto wirksamer ist die Praxis schöpferischer Imagination.

vital: gleichbedeutend mit reaktiv oder organisch, d. h. leiblich bzw. trieb

Wahrheit: das höchste Bewußtsein, das in seiner Absolutheit dem begrenzten Denkvermögen unfaßbar bleibt, wohl aber für die unbegrenzte Seele unmittelbar erfahrbar ist (siehe Samadhi).

Wahrheitslehre(r): erhebt, richtig verstanden, nicht den Anspruch, die absolute Wahrheit lehren zu können, sondern zeigt jedem Menschen die Mittel und Wege, wie er zu seinem ureigensten „Gewahrsein" der Wahrheit gelangen kann (siehe Erweckung oder Erleuchtung).

Schöpferische Imagination

Wie Sie die Technik der Schöpferischen Imagination anwenden können, um Ihre Träume zu verwirklichen.

Viele Leser nennen dieses Buch ein **Wunderbuch**, weil es ihnen zu Gesundheit, zu besseren zwischenmenschlichen Beziehungen, zu größerem Wohlergehen und sogar zu einer willkommenen Entfaltung des Bewußtseins verholfen hat. Das ist keine Überraschung für den Autor, weil er selbst seit Jahren täglich mit diesen Methoden und Prinzipien arbeitet und weil er weiß, daß die Gesetze des Bewußtseins genau und zuverlässig sind.

Durch willentliche Kontrolle seiner gedanklichen Einstellung und seines Bewußtseinszustandes kann der Mensch seine Verhältnisse und sein Schicksal ändern. Jeder Prophet hat verkündet, daß das wahr ist, jeder erfolgreiche Mensch liefert den Beweis dafür. Nun haben Sie Gelegenheit, es sich selbst zu beweisen. Sie können unmöglich scheitern.

Seit vielen Jahren in Amerika und Japan ein Bestseller.

112 Seiten

Einfache Einführung in die Meditation

hilft, sich von Spannung und Streß zu befreien, sich besser zu konzentrieren und Bewußtsein zu entfalten.

In diesem Buch erklärt Davis Methoden und Techniken und gibt Anleitungen, die jeden Leser ermutigen, der Mensch zu sein, zu dem er bestimmt ist.

Wer noch nie meditiert hat, wird nach dem Lesen des ersten Kapitels dazu fähig sein. Für bereits in der Meditation erfahrene Leser wird dieser Leitfaden jedes etwa noch vorhandene Mißverständnis klären, jede noch offene Frage beantworten und persönliche Erfahrungen vertiefen.

Über den durch die Meditation erzielten Gewinn wurde bereits vielfach berichtet. Die Methode wird seit Jahrhunderten gelehrt. In den letzten Jahren allerdings ist das Interesse einer breiten Öffentlichkeit gewachsen. Dieses Buch wurde von einem Experten geschrieben und ist kein Versuch des Autors, den Leser von dem Wert der Meditation zu überzeugen. Statt dessen zeigt er jedem Menschen, der ernsthaft meditieren möchte, wie er richtig und wirksam meditieren kann.

88 Seiten

Die Macht der Seele, Erlebte Wirklichkeit

Die Yoga Sutras des Patanjali werden als die besten und maßgeblichen Anleitungen für Konzentration, Meditation und Kontemplation bezeichnet. Im Laufe der Zeit wurden viele ausgezeichnete Kommentare veröffentlicht. **Die Macht der Seele** jedoch ist einzigartig. Der Wert der in diesem Buch gegebenen Darstellung liegt in der Ausführlichkeit der Kommentierung, in der Nichtverwendung der Sanskritbezeichnungen und in der Hinzufügung eines weiteren Kapitels, in dem Roy Eugene Davis eine Reihe von Meditationstechniken erklärt.

Die Macht der Seele ist das weitest verbreitete Buch des Autors. Diese Abhandlung hat sich tausendfach für ernsthaft Suchende bewährt, die den Weg der Befreiung des Geistes von allen Hindernissen gehen und die die Wirklichkeit durch eine direkte Erfahrung des transzendentalen Bewußtseinszustandes erleben möchten.

191 Seiten